国家社会科学基金青年项目(21C

数字经济与积极老龄化：
基于消费和健康双重微观视角的研究

◆陆 地 著

吉林大学出版社

·长春·

图书在版编目(CIP)数据

数字经济与积极老龄化：基于消费和健康双重微观视角的研究 / 陆地著. --长春：吉林大学出版社，2024.9. — ISBN 978-7-5768-3912-8

Ⅰ. F126.1

中国国家版本馆 CIP 数据核字第 2024A88F13 号

书　　名：数字经济与积极老龄化：基于消费和健康双重微观视角的研究
SHUZI JINGJI YU JIJI LAOLINGHUA：JIYU XIAOFEI HE JIANKANG SHUANGCHONG WEIGUAN SHIJIAO DE YANJIU

作　　者：陆　地
策划编辑：黄国彬
责任编辑：沈广启
责任校对：杨　宁
装帧设计：姜　文
出版发行：吉林大学出版社
社　　址：长春市人民大街 4059 号
邮政编码：130021
发行电话：0431－89580036/58
网　　址：http://www.jlup.com.cn
电子邮箱：jldxcbs@sina.com
印　　刷：天津鑫恒彩印刷有限公司
开　　本：787mm×1092mm　1/16
印　　张：10
字　　数：160 千字
版　　次：2025 年 3 月　第 1 版
印　　次：2025 年 3 月　第 1 次
书　　号：ISBN 978-7-5768-3912-8
定　　价：58.00 元

版权所有　翻印必究

目 录

第1章 导　论 …………………………………………………… 1
第2章 概念界定、理论基础及预期 ……………………………… 11
　2.1 数字经济相关定义与内涵 ………………………………… 12
　　2.2.1 数字经济与数字鸿沟 ………………………………… 14
　　2.2.2 数字经济与经济发展 ………………………………… 15
　　2.2.3 数字经济与社会福利 ………………………………… 16
　2.2 数字参与相关概念 ………………………………………… 19
　　2.2.1 信息通信技术种类 …………………………………… 19
　　2.2.2 信息通信技术应用现状 ……………………………… 20
　2.3 老龄化相关概念及理论基础 ……………………………… 22
　　2.3.1 积极老龄化 …………………………………………… 22
　　2.3.2 消费理论研究进展 …………………………………… 25
　　2.3.3 健康相关概念及理论 ………………………………… 30
　2.4 数字经济对积极老龄化的影响预期 ……………………… 34
　　2.4.1 数字经济与积极老龄化的关联机制 ………………… 34
　　2.4.2 数字经济与老年人消费 ……………………………… 37
　　2.4.3 数字经济与老年人健康 ……………………………… 38
　2.5 本章小结 …………………………………………………… 39

第3章 老年人人口特征及其数字参与类型分析 ········· 41
3.1 老年人人口特征分析 ········· 42
3.1.1 我国老年人人口结构 ········· 42
3.1.2 老年人数字参与的人口学特征 ········· 46
3.2 老年人数字参与情况分析 ········· 48
3.3 本章小结 ········· 51

第4章 数字经济与老年人消费 ········· 53
4.1 老年人消费行为的特点和影响因素 ········· 54
4.1.1 我国老年人消费变动趋势 ········· 54
4.1.2 老年人消费相关研究背景 ········· 56
4.2 数字技术应用对老年人消费的作用机制和路径 ········· 59
4.3 家庭人口结构变化对消费影响的实证检验 ········· 61
4.3.1 模型设定及变量选取 ········· 64
4.3.2 实证分析及讨论 ········· 69
4.4 数字技术应用对老年人消费作用的实证检验 ········· 75
4.4.1 数据来源与变量说明 ········· 75
4.4.2 模型构建 ········· 77
4.4.3 实证结果分析 ········· 79
4.5 本章小结 ········· 92

第5章 数字经济与老年人健康 ········· 95
5.1 老年人健康的定义和概念 ········· 96
5.2 老年人心理健康研究背景及问题 ········· 97
5.2.1 老年人心理健康影响因素 ········· 97
5.2.2 重大突发事件对老年人心理健康的影响 ········· 101
5.2.3 老年人心理健康干预及服务研究 ········· 101
5.2.4 数字技术应用与老年人心理健康 ········· 103
5.3 数字参与对老年人健康影响的实证检验 ········· 104
5.3.1 数据来源与变量说明 ········· 104

5.3.2 模型构建 …………………………………………… 106
　　5.3.3 实证结果分析 ……………………………………… 106
　5.4 重大突发事件下数字技术应用案例分析 ………………… 110
　　5.4.1 "ABC"情绪理论说明 ……………………………… 110
　　5.4.2 数据来源、变量说明与描述性统计 ………………… 112
　　5.4.3 基准模型构建 ……………………………………… 122
　　5.4.4 实证检验结果及讨论 ……………………………… 123
　5.5 本章小结 …………………………………………………… 129

第6章 数字经济背景下积极老龄化引导策略 ………………… 131

参考文献 ……………………………………………………… 137

第 1 章 导论

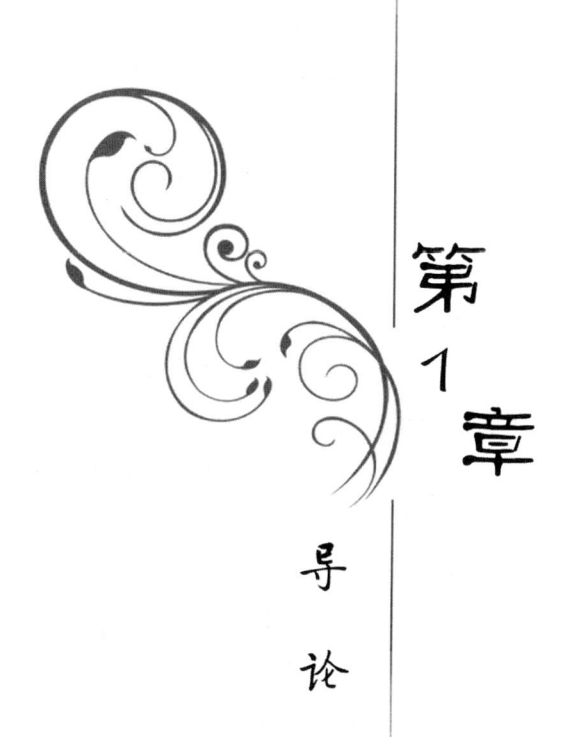

数字经济与积极老龄化

伴随人口结构的转变,我国迈入老龄化社会,老龄化社会带来的劳动力供给不足、养老金压力及消费需求缩减等问题不容忽视,因此推进积极老龄化对我国实现中国式现代化人口高质量发展目标具有重要意义。《中华人民共和国国民经济和社会发展第十四个五年规划和2035年远景目标纲要》中同样提出需实施积极应对人口老龄化的国家战略,确保经济社会发展与人口老龄化进程相适应。

与此同时,数字经济的快速发展为实现积极老龄化社会带来了新的机遇,但数字经济带来的数字鸿沟却形成老龄事业发展新的挑战。具体而言,数字经济将数据视为新的生产要素,引领新一轮社会和经济变革,对经济社会生产、生活等诸多活动产生了积极影响,成为我国经济社会高质量发展的新动能。信息通信、大数据、人工智能、物联网等数字技术也被提倡应用于智慧养老方案,以赋能老龄事业高质量发展。然而,数字技术快速发展导致老年人难以快速适应这种技术变革,由此形成数字鸿沟,从而给推进积极老龄化和数字包容型社会带来压力。

基于我国经济社会发展需求和人口结构变迁特征的现实背景,本书试图将数字经济与推进积极老龄化要求相联系,从微观视角下老年人消费和健康两个层面探索数字经济背景下实现推进积极老龄化的途径,探索数字包容型社会老龄事业的服务引导策略,以助力中国式现代化人口高质量发展。由此本书首先回顾了数字经济、老龄化、消费及健康相关定义和理论基础,并基于相关文献提出了本书的研究预期。其次,本书描述了我国老年人人口特征,并系统地总结了老年人数字参与类型及现状。再次,根据前文预期,本书主要进行消费和健康两个方面的实证研究,一是研究了数字经济与老年人消费的关联,包括老年人消费行为及影响因素的分析、提出数字技术应用对老年人消费的作用机制、利用家庭微观追踪调查数据检验了个体层面的互联网技术应用对老年人消费的作用、估计了数字鸿沟对老年人消费的影响,以及评估了"宽带中国"战略的数字基础设施建设对老年人消费的作用机制;二是探索了数字经济与老年人心理健康的关联,包括一般情形下数字参与对老年人自评健康的影响,以及特殊情形(即重大突发公共事件背景)下数字技术应用对老年人心理健康的作用效果。最后,基于实证结果提出数字经济背景下推

第1章 导 论

进积极老龄化的策略及建议。

下面本书就研究背景、研究的理论意义和现实意义、研究进展与文献逐一进行阐述，以此给出本书的研究思路和主要内容、研究方法及主要创新。

研究背景

从国际、国内环境来看，世界各国将实现成功的积极老龄化视为国际优先事项，以应对预期寿命增加的挑战。随着预期寿命的增加，世界范围内老年人数量逐渐增长。有研究预计，到2050年世界21%人口的年龄将是60岁及60岁以上，即超过20亿人。而这些人口可能集中在拉丁美洲和亚洲的64个国家，占世界人口的30%。中国被视为未来老年人口数量庞大的亚洲国家之一，随着三次"婴儿潮"出生的人口逐渐步入老年阶段，我国老龄化程度愈发加深。联合国2019年的预测表明，中国的老年人口数量到2050年将会超过少儿人口数量。与此同时，我国人口出生率的下降，劳动力人口的减少，都给中国式现代化人口高质量发展带来压力。从我国经济发展历程来看，以往充足、庞大的劳动力人口数量形成的人口红利，极大地推动了经济的快速发展。随着人口结构老龄化趋势的持续增强，人口红利形成的经济推动力难以为继，人口老龄化对经济增长的抑制影响逐渐显现（齐红倩和闫海春，2018）。为了积极应对人口老龄化产生的负面影响，我国陆续出台了一系列政策，目的是推动老龄事业高质量发展，破解老龄化所带来的难题。

数字经济是当前经济社会发展的必然趋势。生产力革新使经济形态由农业经济、工业经济向数字经济过渡。自20世纪90年代数字经济的概念被提出以来，这种新的经济业态已经渗透到社会经济活动的各个领域，并作为一种综合性的经济业态模式出现（Chen et al.，2022）。具体而言，数字经济是以数据作为生产活动中的新要素，以数字技术作为新手段，以数字治理、数字政府及数字社会作为发展环境，以数字基础设施建设为基础保障，通过产业数字化、数字产业化的产业结构升级形成了推动经济发展和社会变革的新动能。从数字经济对经济发展的作用来看，其对包括经济增长、生产率、产业结构、贸易、就业、创新和金融发展等经济因素产生了深远的影响（Peng &

Dan，2023）。第一，数字经济提高了企业生产率、降低了生产成本，对扩大市场规模起到了促进作用，并以推动产业数字化转型改变了原有的产业结构。第二，数字经济通过信息和通信技术、大数据、物联网等技术改变了贸易的模式，推动了跨境贸易和电子商务。第三，数字经济衍生了新的职业类型，数字基础设施的建设更是促进了创业活动，最终增加就业岗位。第四，数字技术的应用提高了金融部门的运营效率，数字普惠金融的模式逐步推进。就数字经济对社会福利的影响而言，数字治理推动了数字化社会的发展，使得多数人享受到数字红利带来生活环境改善，例如电子商务、在线教育、智慧医疗、智慧交通及智慧物流等。对于老年人来说，智慧养老也成为养老服务体系的发展趋势。数字治理和新技术将提升老龄化社会的养老保障体系建设水平。因此，数字经济成为推动积极老龄化社会构建的新助力。

然而，正在进行的数字技术革命并没有平等地给每个人提供同样的机会，反而造成了社会不平等（Lythreatis et al.，2022）。数字鸿沟从定义上是指能够充分获得信息和通信技术的人与无法获得该技术的人之间的差距（Soomro et al.，2020）。数字鸿沟被认为包括三种不同的层次：第一级数字鸿沟为互联网物理连接的差距，第二级数字鸿沟为互联网使用技能的差距，第三极数字鸿沟为通过互联网和通信技术能力的不平等对个人的结果和利益的影响而演化的使用意识的差距。由于数字资源的限制会负面影响个体的社会和经济资本以及他们参与社会的能力，因而不同层次及形式的数字鸿沟会加剧社会内部的不平等。而2019年末迫使人们在日常生活实践中形成了新的习惯，对互联网和数字设备的依赖与日俱增，无疑加剧了数字鸿沟导致的不平等。由于缺乏资源和有效的数字使用，没有很好地连接到互联网的人正在遭遇数字排斥及其他不利因素（Pandey et al. 2020）。以往的研究认为老年人群体处于数字鸿沟的消极一面，数字技术的快速发展会使老年人对数字技术的接入和掌握面临更多的障碍，最终导致其面临"数字贫困"和"数字排斥"等社会发展困难，使其主动或被动地与数字社会脱节（McDonough，2016）。由此，在以数字经济推进积极老龄化的路线中，数字鸿沟将成为制约其发展趋势及效果的主要因素。

第1章 导论

研究意义

本书从微观视角探讨了数字经济背景下实现积极老龄化的研究，主要从消费和健康两方面就数字经济对老年人福利影响进行具体剖析，以为建立数字包容型社会发展积极老龄化作用路线奠定基础。本研究具体有以下两个层面的意义：

首先，本书研究了数字技术对老年人消费的影响及作用途径，为探索数字经济背景下释放老年人消费潜力、为老年人享受数字经济红利提供了参考。扩大有效内需已经成为我国经济增长的主要推动力之一，从内、外部环境来看，我国处于经济增长模式转型期，这要求我国在新发展格局下应注重经济增长韧性和内生动力稳定性的提高，经济增长动力需向依靠内需转变，形成强大的国内市场规模，促进供给侧、需求侧双向发力。当前我国居民消费总量巨大，消费水平提升，但数据显示居民消费率偏低，消费分化明显，有效需求释放不足，市场供需结构性错配等诸多问题，如何释放有效的消费潜力成为长时间被关注的热点。关于消费需求的研究由来已久，从 Keynes(1936) 的绝对收入假说开始，到后续 Duesenberry(1949) 的相对收入假说、Modigliani(1955) 的生命周期假说、Friedman(1957) 的持久收入假说及 Hall(1978) 的随机游走假说等，主要关注宏观消费变化、消费者行为及消费影响因素。随着人口结构的转变及预期寿命的延长，老年人逐渐成为消费市场的主要消费者之一，老年人消费所蕴含的消费潜力形成了庞大的"银发市场"。然而，以我国为代表的东亚消费者通常表现为高储蓄、低消费行为特征，世界银行及国际货币组织称这一现象为"低消费率之谜"，这意味着我国居民拥有更多的未释放的消费需求。对于老年人而言，中国传统中所倡导的"艰苦朴素""居安思危"精神，老年人对为养老所进行的预防性储蓄及对子女形成的代际支持，使其具有保守的相对消费观念。但随着居民生活水平的提升及社会养老保障体系的进一步完善，部分老年人的消费需求从基础型消费向发展和享受型消费转变，使其蕴含了强大的购买力。数字经济的发展也为老年人提供了更多的消费机会，电子商务通过更多的商品及更透明的价格信息，以及更便捷的支付方式为消费者提供了更多的便利，但数字鸿沟的潜在影响是否能让老年人享受到数字经济带来的消费者红利学界却没有形成共识。因此，本书的一个研究意义在于从老年人行为视角出发，探索互联网技术及数字鸿沟对我国老年人消费的影响，进一步通过对数字基础设施建设对老年人消费的作用机制研究，寻求利用数字技术释放老年人消费需求潜力的路径，为数字经济下老年人消费福利的提升及促进银发市场的形成提供具有价值的参考。

其次，本书通过研究一般情形及特殊情形（以重大突发公共事件为例）下数字参与对老年人心理健康的影响，旨在为积极老龄化促进老年人健康的目标奠定基础。关注老年人健康问题、提供适老化的公共服务体系是实现积极老龄化、健康老龄化的目标之一。以往研究表明，数字技术促进了医疗体系数字化转型，能够在咨询、问诊、治疗及康复等多个阶段进行数字治理，为有就医需要的群体提供了便利（Robbins & Keung，2018）。数字技术与老年人心理健康的关系仍被持续关注，然而，并未达成学术共识。一方面，互联网的使用能够为解决老年人的孤独感问题，促进社会参与起到积极作用（Cotton et al.，2013），但使用互联网的时间过长反而不利于其心理健康（靳永爱等，2024）；另一方面，对数字技术的可获得性和使用的差距产生的数字鸿沟却加重了老年人心理负担，尤其是在重大突发公共事件下，数字参与的差距是否对老年人心理健康产生负面作用不得而知。基于此，本书通过探索数字参与对老年人一般情形和重大突发公共事件情形下的影响，进一步对数字经济背景下推进积极老龄化从而解决老年人健康问题提供经验借鉴。

研究进展与文献综述

就消费与数字经济的关系而言，现有文献主要探究了互联网技术及数字鸿沟对老年人消费的影响。Lian和Yen（2014）认为使用互联网的老年人正在快速增长，银发经济逐渐形成电子商务重要的潜在市场，通过研究影响老年消费者网上购物意愿的驱动因素和障碍，他们得出购物预期和社会影响是老年人在线购物的主要驱动因素，而价值、风险成为老年人网络购物的主要阻碍。从网络商品对老年人的购买决策的影响来看，产品属性和负面评价对老年人购买决策具有显著的影响，这与其他年龄层的消费者不同（Von Helversen et al.，2018）。随着社交媒体的广泛传播，老年人线上购物开始受

第1章 导 论

到社交媒体广告、购买者或网友评价的影响(Bui，2022)。然而，相对年轻人，老年人对互联网等数字技术的接受能力较差，数字技术使用障碍和消极的使用态度造成了老年人互联网消费的数字技术壁垒。He 等(2022)研究发现互联网对老年人消费的作用主要通过更方便的支付、更低的搜索成本和更多的社交互动来实现，数字技术使用的鸿沟不利于老年人消费升级。Wu 和 Yang(2023)发现数字鸿沟对老年人旅游消费存在消极影响。

在国内数字经济对老年人消费的研究中，同样集中于数字技术和数字鸿沟分别对老年人消费的作用。李军和李敬(2021)提出数字赋能能够显著刺激老年消费，改善老年人的消费结构。杨柳和孙小芳(2022)认为数字经济的发展更能有效提升低龄老年人、农村老年群体的消费支出。彭小辉和李颖(2020)研究发现互联网能够促进农村老年人生存及发展型消费，以及提升城市老年人的享受型消费。

从健康与数字经济的关系研究来看，世界各国特别关注以信息和通信技术为代表的数字技术在促进主动健康积极老龄化和以人为中心的高效护理方面的作用(Zigante et al.，2021)。一方面，信息和通信技术的发展使人们能够方便收集有关其健康状况的实时信息，并在出现任何问题时与医疗机构等卫生服务部门联系。这有助于老年人居家独立，并尽快进行疾病的防护与治疗。20 世纪 70 年代末开始，信息和通信技术(ICTs)在医疗保健方面的潜力开始显现(Lovett & Bashshur，1979)，但此时信息和通信技术传播并不广泛，抑制了其对医疗保健的辅助作用。到 20 世纪 90 年代中后期，世界各国政府实施了在整个经济和社会中促进信息和通信技术的战略计划，使信息和通信技术广泛传播。欧盟组织在 2001 到 2010 年先后多次提出将医疗保健服务的数字化转型作为信息社会发展计划的基石，并关注其对减轻贫困问题的作用。2019 年银发经济论坛等组织倡导促进信息通信等数字技术，以支持健康、积极的老龄化和以人为中心的高效护理。Micevska(2006)的研究指出，信息和通信技术可以提供有效的信息，及时地对人们的健康状况做出反馈，因此这种医疗服务通信技术应当提供给更有需求的个体。从这个意义上说，健康应用程序被认为是医疗保健服务的一种老年人等群体可负担的手段(Balapour et al.，2019)。所有这些数字技术发展均有助于预防老年人的疾病，支持他们保

· 7 ·

持独立和活跃，并减少医疗问诊的次数，减轻老年人保持健康的压力。

2019年末开始的新冠肺炎疫情加速了全球医疗保健的数字化转变。在人口限制和流动限制的背景下，信息和通信技术以不同的方式被用于支持提供医疗保健服务（经合组织，2020），从远程咨询到使用智能手机进行远程的评估和监测。这期间，相关部门对老年人数字技术应用问题的重视程度开始加强，以避免造成老年人在医疗服务和社会参与方面受到限制。虽然数字技术在支持主动健康、积极老龄化方面可能发挥作用，但数字技术的发展可能会加剧老年人的脆弱性。例如，如果老年人对数字技术不太熟悉或不太放心，或者对数字技术的获取有限，会造成"灰色数字鸿沟"现象。

另一方面，已有研究认为远程医疗等数字技术显然有潜力适应积极老龄化的挑战（Robbins & Keung，2018）。在老龄化的背景下，老年人与技术互动的新特性也推动了"老年技术"的研究，被应用于临床和心理社会干预领域。"老年技术"最早由Bouma等（2007）提出，其目的是用来指代健康和社会领域中寻求老年人生活质量、舒适度和安全感的辅助技术分支。老年技术通过创造技术环境来探索老龄化社会的可持续性，包括老年人远程医疗辅助技术、包容性的生活和社会参与设计，以及为健康、舒适和安全的老年人提供创新和独立服务。Sale（2018）的研究指出目前老年技术相关企业通过开发带有记忆和检测功能的辅助应用技术，帮助日常生活活动（ADL）受限的老年人减少对他人的依赖。这种技术提高了老年人的日常生活质量，能够为自主、独立及有尊严的高质量老龄化生活提供保障。

国内的研究起步较晚，主要集中于数字技术对老年人健康管理的影响，以及数字鸿沟对老年人健康影响的研究。纪竞垚（2022）认为提高养老服务信息化水平、普及老年人辅助技术产品对老年人健康管理具有积极作用。靳永爱等（2024）提出适当利用互联网能够有效提升老年人的主观福祉和健康老龄化。与此同时，数字鸿沟对老年人健康却产生负面作用。冉晓醒和胡宏伟（2022）互联网应用差距造成了城乡老年人之间的健康不平等。刘建国和苏文杰（2022）通过银色数字鸿沟对老年人身心健康的影响研究发现，银色数字鸿沟对老年人身体健康和心理健康均有负面影响，且过于依赖互联网的老年人心理健康水平欠佳。吴青娴等（2023）研究指出，数字健康信息获取和数字信

第 1 章 导 论

息应用能力等会加大老年人就医技术焦虑。

研究思路与主要内容

本书拟对数字经济与积极老龄化的关系展开研究，其目的是基于数字包容型社会发展背景对积极老龄化目标所倡导的促进银发经济发展和改善老年人健康问题予以剖析，借以数字技术和数字鸿沟对老年人消费和健康的影响及作用机制为现阶段实现积极老龄化目标提供参考。

从文章脉络来看，主要遵循"概念界定、理论基础及预期—老年人人口特征及其数字参与类型—数字经济与老年人消费及老年人健康—数字经济背景下实现积极老龄化策略建议"这一逻辑主线。具体可解析为四方面的研究内容：一是从相关概念和理论基础入手，理论与文献角度分析数字经济与积极老龄化中老年人消费、健康联系的内在作用机理；二是基于老年人口学禀赋特征，考虑其数字技术使用能力和数字参与的具体类型，以为实证铺垫研究基础；三是数字经济分别对老年人消费及健康影响的实证检验，从微观基础出发进一步分析数字技术使用和数字鸿沟对老年人个体消费的影响，继而从"宽带中国"的政策效应结合传导机制作出更深层次的探讨，并从一般和特殊情形下数字参与对老年人心理健康的影响出发，寻求以数字技术促进老年人心理健康的有效路径；四是根据上述实证检验内容，从消费和健康两个微观角度提出数字经济背景下促进积极老龄化的策略建议。

研究方法

本书以大量的国内外相关研究为基础，主要采用理论与实证相结合、定性分析与定量分析相结合的方式对数字经济与积极老龄化关联的研究作出探讨。同时，应用 Stata 软件并且借助数理模型、统计数据与可视化图表分析的研究手段实现本文的最终论证结果。其具体研究方法如下。

数理分析方法：借鉴相关现代经典消费理论，结合中国特殊的经济社会发展背景，从宏观与微观两方面验证了老年人消费需求的影响因素。同时，基于健康人力资本模型、健康需求模型及健康信念模型等健康理论，研究分析了老年人健康需求，以解析老年人健康对积极老龄化人力资本积累的重

要性。

实证分析方法：第一，在对数字技术应用对老年人消费进行分析时，采用了普通最小二乘法基准法基准回归和两阶段最小二乘法基准回归相结合的方式，降低了普通最小二乘法产生的内生性问题，并基于因子分析法对数字鸿沟指标予以刻画设计。在此基础上，采取了倾向得分匹配结合差中差模型（PSM－DID）的方法就"宽带中国"的数字基础设施建设对老年人消费作用的政策效果进行分析，并从信息渠道、便捷交易及社交网络三个方面检验传导机制。第二，对数字经济与老年人健康进行研究，主要应用了基本回归分析与案例分析相结合的方式，充分考虑了不同情形下影响效果的异质性问题，并对不同性别和年龄的老年人予以差异性检验。此外，为了降低以上分析潜在的内生性问题，本书借助工具变量利用两阶段最小二乘法进行稳健性检验，旨在降低可能存在的内生性潜在影响。

主要创新：

本书的特色之处及创新主要体现在以下方面。

就理论意义而言，本书基于相关理论基础与实证研究前沿提出了数字经济与积极老龄化关联性的观点，从微观层面引入了老年人消费和健康这两种新的角度，充分考虑到了现阶段我国经济社会发展现状所产生的影响。就现实意义而言，在实现中国式现代化人口高质量发展及扩大有效内需的背景下，通过先进的技术方法从深层次逐步实证检验了数字经济所诱发的一系列老年人消费和健康影响演变结果，并通过"宽带中国"对老年人消费影响的政策作用效果及传导途径探索了数字经济背景下释放老年人有效需求的手段，以及通过一般情形和特殊情形（以重大突发公共事件为例）数字参与对老年人心理健康的影响分析了数字包容型社会对老年人心理健康服务的引导策略。对实现积极老龄化目标路径及促进银发经济形成具有一定的参考作用。

第2章 概念界定、理论基础及预期

2.1 数字经济相关定义与内涵

数字经济是继农业经济、工业经济后出现的新经济形态，其本质是利用数字资源和数字技术为推动力实现经济和社会的高质量发展（Kim，2006）。由于世界范围数字经济的快速发展，数字经济产生的影响力愈加广泛。2016年，国际经济合作论坛（G20）峰会提出数字经济是将数字化的信息和知识当作核心的生产要素，以现代网络为重要的载体，以信息通信技术的有效应用为核心的一系列的经济活动，引起了经济和社会的变革。因此，各国陆续将数字经济指标作为评估宏观经济、市场结构和竞争力、组织变革以及就业和劳动力的重要依据之一。

数字经济的定义最初是由 Tapscott 于1996年提出，其研究详细阐述了数字经济的概念，并指出数字经济与传统经济背景主要依靠实体形式传输信息流不同，与传统经济传输形式不同，数字经济背景下的信息流主要通过网络以数字化和虚拟化的形式呈现，因此数字经济被认为是知识经济或新兴经济的一种形态。数字经济的概念被提出后，得到学界和政界的广泛关注，同时伴随技术革新又得到了进一步的延续发展。学界关于数字经济的定义主要关注对数字经济内涵的理解，例如，Kling 和 Lamb（1999）拓宽了数字经济涵盖的范围，将实体商品的零售、商品的数字传输、信息和通信技术（ICT）、信息技术（IT）等纳入数字经济的覆盖范围；Kim 等（2002）将数字经济概念归纳为一种新的经济形式，主要以物品和服务的数字化方式交易而呈现；Del Águila 等（2003）认为数字经济的开发、制造、销售和供应都依赖于关键的数字技术，因此其属于包括商品和服务在内的经济部门。随着互联网技术的发展，网络交易逐渐增多，Carlsson（2004）提出数字经济是一种新型的互联网经济。政界关于数字经济概念的解析主要依据发展目标和涵盖维度，例如，经济与合作发展组织（OECD）于2017年的《数字经济展望》报告中将数字经济定义为以公平、普惠、平衡、稳定为目标，让更多人共享改革发展成果的一次数字化转型。该报告将数字经济分为智慧基础设施投资、社会进步、创新、就业四个维度进行衡量。美国商务部则从三个角度来衡量数字经济，包括数字基础设施、电子商务和数字媒体（Barefoot et al.，2018）。

第2章 概念界定、理论基础及预期

中国结合自身的国情对数字经济的概念也进行了研究。国内关于数字经济的研究最早可追溯至李俊江和何枭吟(2004)关于美国数字经济发展及其对中国的启示研究，该研究中指出数字经济是由数字技术主导，以知识为基础，将制造、管理和流通过程以数字化形式呈现的一种新的经济形态。2010年后国内关于数字经济的探讨逐渐展开，例如，逄健和朱欣民(2013)提出数字经济是通过通信设施，以信息和通信技术为基础实现交流、交易、合作的数字化手段。李长江(2017)认为数字经济是以数字技术方式(包括数字化设备、技术、资本与劳动力)进行生产的经济形态。易宪容等(2019)提出数字经济使得数据成为生产要素，它使企业的关注点由供给端向需求端转变，由产品生产向产品的使用及服务转变。它能够通过数据分析技术实现使用者对新价值的追求，并通过大数据了解消费者的喜好，实现产品定向推送。2020年以来，关于数字经济的研究成为热门话题，数字经济的概念得到了进一步的细化。许宪春(2020)提出数字经济是一种动态的概念，随信息技术发展而不断改变。陈晓红等(2022)将数字经济视为以数字化信息和数据要素为资源，以数字技术创新驱动为牵引，以互联网平台为主要信息载体，以一系列新业态模式为表现形式的经济活动。

总体而言，数字经济既包括了数字技术革新的技术基础，又涵盖了技术革新对经济社会变革再生产过程生产力转变的影响，必然对经济、社会发展有显著的作用。

关于数字经济测度方面同样进行了大量的研究。对数字经济的测度最早可追溯至1998年美国商务部发布的衡量数字经济发展研究报告，该报告测度数字经济主要集中在数字技术和在线商务。相对权威的测度标准还有经济与合作发展组织(OECD)在2010年提出的数字经济指标体系，该体系涵盖了基础设施、需求、供给、产品和内容。中国国家信息中心则在2010年从数字生活、在线政府、网络社会和信息经济四个维度评价了信息社会发展水平。中国信息通信研究院发布的《中国数字经济发展白皮书(2017)》构建了数字经济指数(DEI)，利用一致指数、先行指数、滞后指数等测度中国不同时期的数字经济发展情况。学界研究也提出了不同的测算体系。例如，Zemtsov等(2019)基于数字经济的"智能经济"风险提出了衡量数字经济发展水平的综合指标体系，并将ICT技术、技术创新、经济发展、经济结构、人力资本、自主创业和生活质量纳入测度体系。许宪春和张美慧(2020)构建、界定了数字经济规模核算框架和范围，将数字化赋权基础设施、数字化媒体、数字化交易、数字经济交易产品纳入评价指标。王军等(2021)基于数字经济的条件、应用与环境构建数字经济指标，包括反映现实背景的数字经济发展载体、数字产业化、产业数字化和数字经济发展环境四种指标，以及反映宏观层面的数字经济所需先决条件、ICT产业发展、数字产业融合及发展环境四个指标。综上可见，数字经济测算涵盖范围较广泛，既包括了技术层面，又涵盖了其产生的经济社会效应。

2.2.1 数字经济与数字鸿沟

经过几十年的发展，数字经济已经渗透到社会经济活动的各个领域，并作为一种综合经济模式出现(陈文和吴赢，2021；Azu et al.，2022)。具体而言，数字经济是指以信息和通信技术(ICT)为基础，通过数字化、网络化和智能化手段，促进经济活动的发展和转型的经济形态。它包括数字化的生产、数字化的交易、数字化的流通和数字化的消费，以及数字技术对经济各个环节的影响和改变。

数字经济具有以下特征：第一，数字经济以数字信息为核心，通过数字化技术将传统经济活动转化为数字形式，实现信息的全面记录、存储和传输。数字化使得经济活动更加高效、便捷和可追溯。第二，数字经济依赖于广泛的网络基础设施，通过互联网实现信息的无缝连接和全球范围的交流与合作。网络化使得经济活动的边界变得模糊，促进了跨地域和跨行业的合作与创新。第三，数字经济借助人工智能、大数据、物联网等技术，实现了对经济活动的智能化处理和决策支持。智能化提高了经济活动的精准性、个性化和自动化水平，推动了生产力的提升和创新的加速。第四，数字经济以技术创新为动力，通过引入新的商业模式、服务方式和产品设计，推动经济的发展和转型。创新成为数字经济中的关键要素，为企业和个人带来了更多机会和竞争优势。第五，数字经济是一个复杂的生态系统，涵盖了众多相关产业和服务。数字经济的发展需要政府、企业、个人和社会各方面的合作与协调，以形成良好的发展环境和生态格局。

第2章 概念界定、理论基础及预期

然而，事实表明无论是国家之间、国家内部还是群体之间，对数字技术的获取和利益的分配都是不平等的。经济与合作发展组织（OECD）于2001年将这种不平等定义为"数字鸿沟"，也就是"不同社会经济水平的个人、家庭、企业和地理区域之间在获取信息和通信技术的机会以及在各种活动中使用互联网方面的差距"。伴随全球数字化进程加快，发达国家和发展中国家在ICT采用方面都取得了迅速进展，这同时意味着经济体之间的技术差距正在逐渐降低（Lechman，2022）。但随着数字化进程加快，群体技术采用的差距在扩大（Wang et al.，2023）。数字非参与者依旧被排除在数字化之外，使他们无法享受智能化服务带来的便利（Perez-Amaral et al.，2021）。例如，根据移动通信协会（GSMA）2023年最新数据显示，全球只有55%的人口拥有移动互联网连接，40%的人口处于移动宽带覆盖范围内但却从未使用移动互联网，而5%的人口不生活在移动宽带网络范围内。数字鸿沟对区域不平等、贫富差距、社会福祉等多方面产生了负面影响。这种负面影响主要来自数字技术的可及性与可用性差距。国家内部和群体之间ICT使用的数字鸿沟导致了个体经济行为和结果的差距。

2.2.2 数字经济与经济发展

数字经济与实体经济进行深度融合后，被证实对各种经济因素具有积极的作用，包括生产力、就业、金融、产业结构和贸易等方面（Peng和Dan，2023）。具体来说，通过应用数字技术，提升了各产业的劳动生产率（Vu & Hartley，2022），提高了市场有效性（Ancarani & Shankar，2004），促进了产业创新效率（Sorescu & Schreier，2021），其已经成为经济部门利润增长的重要来源（Carlan et al.，2017）。例如，信息壁垒一直被认为是阻碍居民消费的重要因素，而电子商务的出现通过降低市场信息不对称性和交易成本，刺激居民消费行为，同时打破了时间和空间的制约（Yasav，2015）。例如，通过建立生产者与消费者之间的实时接口，以较低的成本匹配供需信息，促进了生产模式为消费者个性化需求服务而转变（Goldfarb & Tucker，2019）。

学术界关于数字经济对经济影响的研究成果较为丰富，具体可分为宏观和微观两个层面。就宏观层面而言，注重数字经济对区域发展、产业结构等方面的影响及作用差异。研究结果得出数字经济能够推动区域经济发展，但数字经济的溢出可能导致区域经济发展差距。例如，熊励和蔡雪莲（2020）以长三角城市作为研究对象，发现数字经济能够通过助推该区域的技术创新和产品创新提升区域创新能力。钟文和邓明贵（2021）基于数字经济对产业结构升级影响的视角，得到了数字经济促进区域协调发展，但存在明显的区域异质性与空间溢出效应的结论。在数字经济对产业结构的影响方面，注重信息技术与产业结构改变的联系。例如，Zimmermann 和 Koerner（1999）分析了数字经济对金融业的影响，得出数字经济在金融业产业结构升级中具有重要作用的结论。丁守海和徐政（2021）认为完善数字经济治理体系、通过数字技术推动多产业融合发展等对中国新发展格局下的产业结构高质量转变具有意义。刘征宇等（2024）发现通过数字资本积累能够推动产业结构转型升级。

微观视角下，主要研究了数字技术与企业及生产要素之间的关联性。例如，吕延方等（2024）实证研究发现数字经济与实体经济的融合对企业创新具有非线性影响，正向融合能够提升实体企业的创新能力、质量及效率。李立威和程泉（2024）认为数字经济与营商环境的融合能够增加"专精特新"中小企业数量。可以发现，数字经济不仅提高了企业的"质"也增加了企业的"量"，即推动企业技术升级的同时推动了技术型企业数量的提升。从数字经济与企业全要素生产率的关系来讲，黄先海和高亚兴（2023）研究发现数实产业技术融合能够提高企业全要素生产率，这种作用主要通过拓宽知识宽度和提高技术创新质量而实现。郑玉（2024）认为数字经济的资源配置作用能够促进企业全要素生产率的提升。

2.2.3 数字经济与社会福利

数字经济不仅成为促进经济增长的新引擎，对社会同样具有深远影响，包括就业、收入、消费及公共服务等方面。

第一，从就业角度来看，数字经济背景下数字技术的发展与应用极大地改变了劳动力市场的格局。大量灵活性高、限制条件少的新就业形态随数字经济发展而产生，吸纳了一批新就业形态的劳动者，对扩大就业规模具有重要作用。数字经济发展对产业、行业、技能三个层面的就业结构均具有作用，数字化进程的加快将使就业结构整体上向制造化、高技术化和高技能化转变（叶胥等，2021）。此外，数字经济对就业载体、就业形态、就业技能要求不

第2章　概念界定、理论基础及预期

断变化，引起劳动力市场结构的变革(胡拥军和关乐宁，2022)。戚聿东等(2020)认为数字经济发展有利于就业结构的优化，使劳动报酬和劳动保护得到进一步提升。王文(2020)提出数字经济时代工业智能化对高质量就业具有正向影响，减少了劳动者岗位转换的福利损失。肖土盛等(2022)则认为企业数字化转型带来的生产技术升级，促进了对高技能劳动力的需求并挤出了部分低技能劳动力，从而优化了人力资本结构。从性别结构来看，数字经济发展对就业性别平等的作用相对复杂。一方面，数字化进程提供了大量适合女性就业、创业的岗位，可能扩大女性就业规模(宋月萍，2021)；另一方面，数字经济部门本身的职业性别隔离现象和数字鸿沟加重了女性就业的脆弱性及自带歧视意味的数字秩序(伦蕊和陈亚婷，2024)。就城乡就业结构而言，数字经济发展通过增加就业数量和改善分配结构增加了农民就业机会，提高了农民收入水平，但数字基础设施和数字素养等不足阻碍其影响的均衡性(张广辉和李玖玲，2023)。

第二，从数字经济发展对居民收入的作用来看，其对提高居民平均收入、改善分配结构具有积极作用。共同富裕的实现路径同样依赖于数字经济的发展(刘诚，2022)。具体而言，数据要素融入社会再生产之后参与了财富形式的收入分配，其不同的归属及占有关系对不同利益群体之间的利益分配及分配变化规律产生了影响(韩文龙和陈航，2021)，最终作用于分配结构和分配效率(李标等，2022)。一方面，数字经济发展造就了改善收入分配结果的"数字红利"；但另一方面，数字经济导致了恶化收入分配结果的"数字鸿沟"(王宁和胡乐明，2022)。从城乡收入视角出发，陈文和吴赢(2021)认为数字经济发展对城乡收入差距存在非线性作用，数字经济发展初期虽然降低了城乡收入差距，但随着数字经济的进一步发展，城乡收入差距则将扩大。黄庆华等(2023)发现数字经济、数字产业化和产业数字化可以通过提升人力资本、优化要素市场化配置缩小中国城乡收入差距。李怡和柯杰升(2021)提出数字经济对农民收入具有正向促进效果，对农业收入的效果更为显著，但数字鸿沟加剧了收入差距。从对农村居民收入影响的传导途径来看，王子凤和张桂文(2023)认为促进农民非农就业、加速农地流转、降低城乡分割是数字经济提

高农民收入的主要渠道。从性别收入层面，数字经济能够提升劳动者工作转换后的收入水平，对女性劳动者影响更为显著，缓解了低收入、迁徙型劳动者、农村劳动者的性别收入差距(乔小乐等，2023)。王慧敏等(2023)提出缓解母职惩罚也是数字经济正向影响女性收入、缩小性别收入差距的重要因素。

第三，从数字经济与消费的关联来看，数字经济背景下，呈现出消费空间在线化、消费模式多样化、消费主体多元化、消费推送精准化、消费体验场景化的新特征(黄永林，2022)。数字经济通过数字技术，重构了生产方式(马香品，2020)，推动了生产效率变革(杨文溥，2022)，由此改变了居民消费行为与消费决策，激活了消费市场。一方面，产业数字化转型有效地提升了居民消费总量(高杰和王军，2022)；另一方面，数字经济加速了市场化进程，进而推动了居民消费升级(陈建等，2022)。从对居民消费结构的影响来看，刘导波和张思麒(2022)认为数字经济对服务型消费影响更为显著。熊颖和郭守亭(2023)发现本地数字经济发展与该地区居民消费结构升级具有倒"U"型关系，同时对邻域居民消费结构升级具有正向溢出效应。侯冠宇和胡宁宁(2023)提出支付数字化是数字经济背景下正向影响居民消费的重要手段，且支付数字化对享乐发展型消费的影响大于生存型消费。就数字经济对消费不平等的影响而言，杨碧云等(2022)发现数字经济能够显著降低居民消费不平等的程度。从对城乡消费差距的影响来看，数字经济发展对城乡消费差距具有改善作用，对东部的作用效果最强(魏君英等，2022)。姚战琪(2022)则认为数字经济能够缩小城乡居民之间的服务消费差距，这种作用对东部和中部地区的城乡居民效果显著。

第四，数字经济改善了公共服务供给，通过技术效应和人力资本效应提高了地方政府公共服务效率(唐天伟等，2022)，最终对提高公共服务供给水平、促进公共服务均等化起到重要作用(陈梦根等，2024)。数字经济对公共服务供给的正向影响在东部城市、大城市更为显著，数字化治理和科技创新是重要的作用渠道(鲍鹏程和黄林秀，2023)。此外，周小刚和文雯(2023)发现数字经济对公务服务的改善具有空间溢出效应，表明数字经济发展不仅正向作用于本地区的公共服务，且对相邻地区公共服务存在正向影响。

第2章 概念界定、理论基础及预期

2.2 数字参与相关概念

数字参与是指个体或组织利用数字技术和在线平台参与社会、政治、经济和文化活动的过程。随着数字经济的快速发展和普及，数字参与已成为现代社会中的重要现象和趋势。它改变了人们与世界互动的方式，拓宽了参与者的范围和途径，并对社会产生了广泛的影响。通过数字技术和在线平台，个人和企业可以参与共享经济、众包、众创等新兴经济模式。个人可以通过在线平台提供的服务销售自己的产品，实现创业和经济增长。企业可以通过数字参与拓展市场、获取用户反馈、进行市场调研和创新。数字参与促进了创业精神和创新能力的释放，为经济发展注入了新的动力。然而，数字参与也面临一些挑战和问题。例如在数字参与中，数字鸿沟可能导致那些缺乏技术访问和数字能力的个体或群体被边缘化，无法享受数字参与带来的便利。解决数字鸿沟，包括提供普及的数字技术和培训，确保所有人都能平等参与，也成为数字参与发展的重要任务。信息通信技术（ICT）是个体与组织进行数字参与的重要媒介，本节将对ICT的种类和应用进行介绍。

2.2.1 信息通信技术种类

数字经济的发展依托于数字技术，后者涵盖了目前广泛应用的各种信息通信技术，其基础是将信息资源转换为机器可识别的二进制编码形式，以进行存储、传输及分析。其中，信息通信技术（ICT）作为应用广泛的数字技术，已经成为当今数字经济时代的重要支柱，对社会、经济和生活方式具有重要意义。从概念上，ICT是指集成了信息处理、存储和传输功能的技术体系。该体系涵盖了计算机技术、网络技术、通信技术和多媒体技术等，用于获取、处理、存储、传输和呈现信息。

ICT技术主要包括网络、通信以及多媒体技术等，这些技术通过一定的传播途径改变了经济社会的发展方式及人们的生活方式。首先，网络技术的发展极大地促进了全球范围内信息的传输和共享。从早期的局域网到现今的互联网，网络技术经历了从有线到无线、从低速到高速的演进。互联网的普及和快速发展使得人们可以随时随地获取信息、进行在线交流和进行电子商务活动。其次，通信技术同样是ICT的重要组成部分，其作用是通过语音、图像和视频帮助人们进行远程交流。从传统的固定电话到移动通信技术的突破(如 2G、3G、4G 和 5G),通信技术的革新使交流更加便捷、高效和多样化。最后,多媒体技术的发展推动信息的呈现方式更加丰富和多样化,此技术应用涵盖了娱乐、教育、广告等多个领域。音频、视频和图像的处理和传输技术不断创新,媒体内容的制作和传播方式也发生了巨大改变。

此外,随着数字技术的不断演进,人工智能、大数据技术以及增强现实(AR)、虚拟现实(VR)技术逐渐被应用于工作、生产和生活中。关于人工智能技术,由于其便利性和智能性,被广泛应用且发展快速。例如,基于人工智能的聊天机器人为企业提供客户支持。虚拟助手如"Siri"和"小爱语音"提供语音激活控制和个性化辅助功能。智能推荐系统分析用户偏好,为产品和服务提供个性化推荐。人工智能在医疗领域用于疾病诊断和治疗规划,提高了效率和准确性。在大数据技术应用方面,大数据分析已经改变了营销、金融和交通等领域。公司利用客户数据了解消费者行为,并相应地制定营销策略。金融机构使用大数据分析来检测欺诈活动和评估信用风险。在交通领域,数据分析有助于优化路线,改善物流和加强交通管理系统。而关于增强现实(AR)、虚拟现实(VR)技术,则通过将虚拟元素与现实世界融合,提供沉浸式和互动式体验,在游戏、教育和零售等领域得到了广泛应用。例如移动应用程序将数字信息叠加到现实环境中,提供丰富的用户体验和有价值的信息。官方目的地营销组织 Visit Santa Clara 在其官网为游客提供虚拟旅游服务,同样有助于顾客事先感受目的地动态视图。

2.2.2 信息通信技术应用现状

ICT 技术自产生以来得到了政府、企业和个人广泛的应用。信息技术和通信的发展、融合和成熟正在改变我们的社会和经济。从中国对 ICT 技术的应用来看,自 20 世纪七八十年代开始,ICT 应用逐渐由军工使用转向民用领域,由此初步形成了以电子设备制造业和电子元器件制造业为代表的信息通信技术制造业雏形,奠定了后续通信服务业、计算机软件服务业的发展基础。20 世纪 90 年代末期,中国信息技术行业高速发展,相关的产品和服务逐渐流入国民经济和社会生活的各个领域。随着大数据时代的到来和数字技术的革新,以数字技术为依托的新型经济为发展注入了新动力。企业广泛地使用网

第2章 概念界定、理论基础及预期

络来指导和重新设计生产流程、简化采购流程、接触新客户和管理内部运营。消费者使用计算机网络来识别卖家、评估产品和服务、比较价格,并发挥市场影响力。例如,无人工厂、数字化管理、电商平台等新型模式在改变了传统行业生产、管理及销售模式,提升运行效率的同时,也促进了新兴行业的产生。

在ICT应用方面,主要包括互联网、移动终端及电信三方面的内容。首先,从互联网应用来看,基于经济与合作发展组织(OECD)公布的2005—2023年成员国互联网普及率数据显示,发达国家与发展中国家的互联网普及率差距在不断缩小。就用户年龄层而言,65岁到74岁年龄段的人口中互联网用户的比例逐渐提高,2005年该年龄段用户比例为15%,至2023年,该比例超过45%,意味着互联网用户不再局限于年轻群体,老年人逐渐加入互联网使用群体,意味着互联网技术的应用更为普适化。从数据来看,中国网民规模截至2023年已经达到10.79亿,互联网普及率达76.4%(中国互联网络信息中心,2023)。其次,从移动终端使用而言,伴随集成器技术发展,手机、笔记本、平板电脑已经成为重要的工作、学习、生活工具。中国互联网络信息中心(CNNIC)发布的第52次《中国互联网络发展状况统计报告》表明,截至2023年第一季度,中国移动网络的终端连接总数已达21.23亿户,较2022年12月净增2.79亿户。艾瑞咨询数据同样表明,截至2023年3月,中国移动互联网月独立设备数达13.92亿台。其中,至少掌握一种初级数字技能(能够使用数字化工具获取、存储、传输数字化资源)的网民占比86.6%;至少掌握一种中级数字技能(能够使用数字化工具制作、加工、处理数字化资源)的网民占比60.4%,智慧生活和数字场景生态不断丰富。再次,就改革开放以来中国电信业发展而言,其业务范围从固定电话通信业务向移动通信、移动互联网、宽带网络接入等新兴业务转变,迅速的电信业发展成为国民经济生产和社会生活主要动力。工信部2023年度通信业统计公报显示,2023年完成电信业务收入1.68万亿元,同比增长6.2%,该年度电信业务总量同比增长16.8%。值得注意的是,电信业数字化转型服务成效显著,新兴业务中移动互联网、固定宽带接入、云计算收入占比分别达到37.8%、15.6%和21.2%,对电信业务总量的贡献率则分别达到36.9%、26.8%和26.4%。此

外,5G网络的深度和广度不断提升,2023年中国5G基站数达337.7万个,已经覆盖了所有地级市、县城城区,并持续向重点场所深度覆盖。

由此可见,中国的ICT行业规模不断扩大、技术发展迅速,在个人移动通信及网络、智能终端、电商平台等领域释放出强大的竞争活力和市场需求。其中不断推陈出新的技术变革也为数字经济背景下积极老龄化的形成带来了新的机遇和挑战。

2.3 老龄化相关概念及理论基础

2.3.1 积极老龄化

积极老龄化概念于1997年的丹佛会议上被首次提出,并于2002年的联合国第二届世界老龄大会正式提出了积极老龄化的行动方案。"积极老龄化"是指退休老年人使健康、社会参与和社会保障的机会尽可能发挥最大效应的过程,以提高生活质量。意味着老龄群体和老龄人自身在整个生命周期中,不仅需要在机体、社会、心理方面保持良好的状态,而且要积极地面对晚年生活,作为家庭和社会的重要资源,继续为社会作出有益贡献。"积极老龄化"的提出从战略发展的高度,为各国应对老龄化问题提出了良好的解决方案,在提升老年人参与度和幸福感的同时,使老年人的价值也能够真正地得到体现。

从"积极老龄化"产生的背景来看,其经历了相对漫长的过程,这与人们对老龄化的认识有关。老龄化现象开始于19世纪中期,欧洲发达国家大量老年人口数量的持续性增加成为经济社会快速发展的"减速器"。这一时期,老龄化现象被视为经济社会的负担。Gergen和Gergen(2001)总结此时对老龄化的认知为"消极老龄化",认为老年人伴随衰老必然产生衰退和损失,老年群体具有的积极能动性和创造力被严重忽视。20世纪60年代,人们对老龄化的认识开始转变,例如Havighurst(1963)提出了"成功老龄化"的概念。"成功"意味着达到个体最幸福满意的状态,既包括生理上无残疾和慢性疾病,又包括具有更高的身体机能和认知水平。基于"成功老龄化",世界卫生组织(WHO)(1987)提出"健康老龄化"的概念,指老年人在保持生理和心理功能及社会参与均良好的基础上,满足晚年的需求和期望。Butler(1974)同样提出

第2章 概念界定、理论基础及预期

"生产性老龄化"的概念,认为老年群体具有一定的生产性,提倡老年人将拥有的知识资源、丰富经验及能力继续转化为经济社会价值,将对老龄的认知从"负担"转变为"助力"。20世纪末到21世纪初期,积极心理学的发展为老龄化的认知提供了新的启示。结合"成功老龄化""健康老龄化"及"生产性老龄化","积极老龄化"概念开始展现。与以往对老龄化的认识相比,"积极老龄化"不只关注老年人个体的发展,同样关注其参与社会、经济和文化的主动性和积极性,更能为经济社会变革下老龄化现象提供有价值的参考。

"积极老龄化"评价主要由健康、参与及保障三个维度的六个指标构成,涵盖了对老年人晚年物质生活和精神生活的评价。这与"健康老龄化"概念不同,对比"健康老龄化"提出的"健康预期寿命"概念,"积极老龄化"更关注老年人自身价值的体现、个人幸福与社会参与。具体而言,积极老龄化关注的三个方面包括:健康、参与和保障。首先,健康是指老年人保持良好的身体状况和心理状态;其次,参与是指老年人能够积极参与社会,积极推动社会发展;最后,保障意味着老年人经济情况、生活环境和社会生活均具有良好状态。2015年,世界卫生组织又将终身学习加入积极老龄化范畴。这与中共中央、国务院2021年印发的《关于加强新时代老龄工作的意见》中强调的"努力实现老有所养、老有所医、老有所为、老有所学、老有所乐,让老年人共享改革发展成果、安享幸福晚年"目标相一致。

伴随世界人口老龄化问题日益严峻,政界和学界对积极老龄化陆续展开了研究,主要包括概念界定、测量维度及积极老龄化影响因素三个方面。

首先,从概念界定来看,在世界卫生组织定义的基础上,以往研究根据各国背景与现实情况,又对其定义加以规范。例如,Walker(2002)认为积极老龄化除强调老年群体的身心健康、社会参与和生活质量之外,还应考虑社会整体的经济及社会效益。世界经济合作与发展组织(OECD)(2006)提出积极老龄化应提倡老年人在经济、社会领域中生产活动的领导力。关于中国积极老龄化的发展,穆光宗(2002)提出"老年发展"观点,该理论观点认为增强老年资本的存量应通过积极老龄化的各种途径和方式,以进一步降低老龄化导致的风险和冲击。陈社英等(2010)则认为受社会资源和机会限制,积极老龄化在中国的发展面临着一些挑战,尤其是如何协调"终身防老备老"和儒家传统观念中"养儿防老"如何协调,如何探索使老年人成为重要社会资源的方法。Lou(2014)提出了经济和社会框架下涵盖家庭支持、生活方式、健康和心理幸福的适合中国国情的积极老龄化的政策。

其次,就对积极老龄化的测度来看,主要分为质性和量化两种维度,但多以量化维度研究为主。世界卫生组织(WHO)提出"积极老龄化"概念后,联合国欧洲经济委员会构建了"积极老龄化指数"(the Active Ageing Index,AAI),即根据老年人社会参与、就业情况、生活方式、能力和环境等方面设计了22个度量指标以度量国家层面的积极老龄化程度及进展(Zaidi et al.,2013)。Thanakwang等(2014)综合开发了积极老龄化综合量表,将自理能力、社会参与、心灵智慧开发、经济保障、健康生活方式、是否积极学习、家庭关系对晚年照顾保障纳入评价体系,构建了包含7个维度的36个条目,并对该量表的信度和效度进行了评估。以中国为研究对象,Ng等(2011)构建了积极老龄化指数量表(Positive Aging Index,PAI)以测度中国老年人健康、功能和参与社会情况,该量表包括功能性健康、避免疾病、照顾性参与及生产性参与。此外,Bronfenbrenner(1979)提出的生态系统理论也可以更好地度量积极老龄化。生态系统理论是将个体作为中心,从微观系统、中间系统、外层系统、宏观系统和长期系统这5层系统进行同心嵌套,构建个体与生态的交互作用。从老年人所处的环境来讲,老年人个体与家人、亲友、邻居及社区相关联,直接或间接作用于积极老龄化程度,以此构成了影响积极老龄化的子系统,在与老年人个体交互作用下产生积极老龄化的结果。

最后,在积极老龄化影响因素方面,人口学特征和环境因素均是影响积极老龄化的重要原因。就人口学特征而言,性别、年龄、教育水平、收入水平、婚姻状况、身体状况对积极老龄化产生影响。以往的研究发现男性、更为年轻、受教育程度越高、拥有更高收入、已婚或有伴侣、身体和心理状况良好的老年人积极老龄化程度越高(Perales et al.,2014;Kim et al.,2020)。从环境因素影响来看,外界支持是促进积极老龄化的主要因素,包括家庭支持和社会支持。居住在城市、子女在身边及获得更多社会支持的老年人,积极老龄化水平更高(de León et al.,2015)。

2.3.2 消费理论研究进展

本节将介绍传统的消费理论脉络和研究进展，以及与老年消费相关的具体理论，以为后续老年消费研究提供理论依据。

传统的消费理论大致经历了四个阶段(朱国林，2002)。第一个阶段以绝对收入假说作为代表性理论。绝对收入假说是由 Keynes 建立的，在宏观理论分析基础上其最先探索了当期收入与消费的关系，认为居民当期可支配收入决定了其当期消费，收入与消费主要体现为函数关系，以此验证了"边际消费倾向递减规律"，即居民收入水平的提高会降低其对应的消费倾向，但该理论对消费心理具有主观的判断，忽视了微观经济基础，因此具有明显的缺陷。随着"二战"之后西方各国的经济逐渐复苏，Keynes 的理论对于当时现实消费情况的解释力减弱，因此 Duesenberry(1949)结合社会心理学对该理论做出了补充与修正，继而提出了相对收入假说，但总体上其仍处于 Keynes 理论的分析框架下。相对收入假说认为居民消费不仅依赖于其消费惯性，同时依赖于其所处环境的消费水平，前者被称为"棘轮效应"，后者则被称为"示范效应"。

第二个阶段是以 Modiliani 的生命周期理论(LCH)与 Friedman 的持久收入假说(PIH)为主，主要从经济学微观基础的理论思维出发而进行的一系列关于消费者行为的研究。其中，生命周期理论认为居民一生的收入主要可分为两个阶段，第一个阶段是收入水平高于消费支出，第二个阶段是收入水平低于消费支出，因此当居民年轻时，会产生养老的储蓄动机，以令其整个生命周期内的消费支出最优化。生命周期理论的消费函数为：

$$C = \alpha W + \beta Y \qquad (式2.1)$$

其中，W 代表实际的财富，$I(\cdot)$ 为财富的边际消费倾向，$q_i \leqslant \gamma$ 为收入的边际消费倾向。

在 Friedman 的持久收入假说中，把收入分为了持久性收入和暂时性收入两部分，即 $Y = Y^P + Y^T$。该理论认为居民不会因暂时性收入的波动调整消费，只有持久性收入的波动会对消费产生冲击，此时其消费函数为：

$$C = \alpha Y^P \qquad (式2.2)$$

其中，$x_i(\gamma) = (x_i I(q_i \leqslant \gamma) \quad x_i I(q_i > \gamma))'$ 代表持久性收入中用于消费的比例。尽管生命周期理论和持久收入假说均强调消费不受当期收入的影

响，但生命周期理论认为居民一生的收入是循环的，而持久收入假说则认为一生的收入会经历随机的以及暂时性的波动。生命周期—持久收入假说（LC-PIH）虽然引入了相对成熟的微观理论基础，然而缺乏相关的实证检验。

第三个阶段主要以 Hall 的随机游走（RWH）为代表。在生命周期—持久收入假说的基础上，Hall（1978）引入了理性预期和随机过程，得到了消费者服从随机游走过程的这一结论，即随机游走假说。但随机游走假说只是生命周期—持久收入假说在理性预期下所进行的扩展，其本质是相同的。这些理论都明确指出微观主体消费的目的是增加其效用，因此消费函数必须建立在消费者效用最大化的基础上，理性的消费者会根据当前收入和预期的未来收入等信息来选择其一生的消费路径来达到效用最大化的目的。

第四个阶段是根据随机游走假说理论基础所拓展的预防储蓄理论、流动性约束理论与 λ 假说等，这些理论均表明收入是消费的主要决定要素。尽管随机游走假说加入了对收入风险的考虑，但 Flavin（1981）与 Campbell 和 Deaton（1989）对随机游走假说的计量结果却否认了其正确性，前者通过计量方法发现了"消费过度敏感性"，后者基于计量模型发现了"消费过度平滑性"。为规范预防动机，Campbell（1991）提出了预防储蓄理论，将不确定性引入到分析框架之中，有效地解释了不确定性对消费者可能造成的影响，既包括收入的不确定性，也包含消费的不确定性。另外，金融市场的不完善决定了居民在低收入时不能通过借贷或抵押来应对收入的暂时性下滑，难以像持久收入假说提出的通过借贷来维持原有的消费水平。因此，消费者被迫降低当前的消费与增加储蓄，这就意味着消费者在消费过程中存在明显的流动性约束。预防储蓄理论与流动性约束均表明，消费者可以通过降低当前消费、增加储蓄来提高低收入时的消费水平，以此达到终生平滑消费的目的。Campell 和 Mankiw（1989）提出的 λ 假说将随机游走假说与 Keynes 的绝对收入假说进行了结合，提出了异质性消费者的存在，即一部分消费者会按照当期收入进行消费，另一部分消费者的消费则由预期收入决定，以减小不确定的影响。到20世纪90年代，针对不确定性因素，Deaton 提出缓冲存货假说，指出持有资产也同样可以达到平滑消费的效果。

可以说消费理论始终在不断演化推进，是针对居民消费实际规律所凝练

第2章 概念界定、理论基础及预期

出的精华,为消费问题的研究奠定了坚实的逻辑框架。基于现代经典消费理论,在对收入与消费关系的理论分析中,学者开始逐渐考虑区域禀赋所产生的影响。消费理论的扩展研究中,不断与新经济地理学理论、城市经济学理论等空间经济学理论相融合,从空间层面建立了收入、消费与空间的互动基础(石明明和刘向东,2015)。社会发展与经济增长与时间及空间发展的独立性,明显存在的地区差异与不同区域居民福利的不平等,都决定了综合性的社会理论或者经济理论中均应包含"空间"因素,忽视"空间"因素的作用会降低理论对现实问题的解释能力(Isard,1949)。更具体而言,基于空间经济学研究,流动要素的区域布局会导致国民收入地区分配差距,继而诱发地区间福利差距(安琥森和蒋涛,2006)。由于居民收入是消费需求的最重要的影响因素,因此纳入区域性影响因素后居民收入与消费的关系会表现出一定的空间相关性(马骊和孙敬水,2008;孙敬水和马骊,2009;韩玉萍等,2015),形成以区域分隔的异质性收入与消费群体。

与老年人消费相关的理论主要有下述三种。

(1)生命周期理论

基于传统的生命周期理论,消费者在早期会进行财富积累,以保障晚期(退休期)的消费和生存需要,属于源于预防性储蓄而产生的储蓄行为。在此基础之上,结合社会心理学视角,Thaler和Shefrin(1988)对生命周期理论进行了进一步扩展,由此产生了行为生命周期假说。行为生命周期假说对早期的储蓄行为予以更深入的理解。该假说提出在面对消费决策时,人们总是面临着当期消费还是未来消费的选择,后者往往需要通过在当期进行储蓄来推迟消费。行为周期假说使用"双重偏好结构"刻画了当期消费和未来消费决策带来的矛盾:假设消费者具有共存但互相矛盾的两种偏好,选择当期消费的消费者可能更关注短期利益和当下的享受,倾向于尽可能多地进行当期消费,这种基于感性而进行消费决策的个体被称为"行动者"。相反,选择未来消费的个体可能更关注长期利益,追求一生效用的最大化,倾向于在当期进行储蓄,以为以后特别是退休后的消费提供保障,这种出于理性而进行消费决策的消费者被称为"计划者"。这种有限理性假设相较于经典理性人假设,与现实情况更为接近。

具体而言，行为周期假说将个体生命时期定义为 T，生命每阶段的收入和每期消费分别设为：

$$y = (y_1, y_2, \ldots, y_T)$$
$$c = (c_1, c_2, \ldots, c_T),$$

则一生中的收入预算约束具有以下成立条件：

$$Q = \sum_{t=1}^{T} y_t = \sum_{t=1}^{T} c_t$$

假设"行动者"选择当期消费，在 T 时期其效用函数为 $U_t(c_t)$，"计划者"则选择未来消费，此时其效用为长期效用，这种选择下需要通过意志力来减少当期消费，令 W_t 表示意志力所需要的精神成本，精神成本可以降低当期消费，对当期消费的效用函数起到约束作用。由此，"计划者"的效用函数为 $Z_t(c_{t=T}) = U_t(c_t) + W_t$。此外，以不同形式进行消费所需要的精神成本程度存在差异，例如，现金具有更高的流动性，拥有现金更易进行消费，由此若要选择储蓄而非消费则需更强的意志力。

（2）预防性储蓄理论

预防性储蓄是对传统生命周期模型的重要补充，该理论是指厌恶风险的消费者为预防未来不确定性导致的消费水平下降的情况而进行的储蓄行为。预防性储蓄理论的重要意义在于通过应用效用函数的二次假设对传统生命周期理论予以进一步的拓展。关于预防性动机，在以往早期研究中得到了证实，例如 Hall(1978)在随机游走理论中对预防性动机加以讨论。后续研究基于随机游走，在理论上证明了收入不确定性对消费存在影响，认为面临未来收入的不确定性时，消费者为了平滑终身消费会降低当期消费并以此获得更多的储蓄。Campbell(1991)通过一个典型的预防性储蓄模型进行了验证，该研究发现在个人拥有的财富是 200 美元时，谨慎储蓄是最优消费水平的 20%，这意味着若不存在收入不确定性，消费将提高 20%。在财富较低的水平，确定性等价水准点使得消费的最优水平被高估。而当消费者财富达到 500 美元时，谨慎储蓄是最优消费水平的 7%。从理论上推测财富积聚的一种可能性原因可归结于谨慎的预防性储蓄。

基于预防性储蓄理论，认为消费具有敏感性特征。这表明收入不确定性

第2章 概念界定、理论基础及预期

越大，消费者按照随机游走理论进行消费的可能性越低，此时的消费者更多的是依据当期收入水平来进行消费。同时，未来的风险越大，会导致个体储备更多的预防性储蓄。具体来说，当面对不确定性时，预期未来消费的边际效用将大于确定性情况下的边际效用，即未来风险越大，预期未来消费的边际效用越大，消费者会将更多的财富进行储蓄从而转移到未来进行消费。若不确定性情况下收入减少，个体会进行预防性储蓄代替当期消费，从而使消费支出降低；与之相反，若收入增加，个体会偏好于消费，从而降低预防性储蓄。因此，当期收入和当期消费存在正相关关系，且这种相关关系随不确定性的改变而产生变化，这一结论与Keynes的绝对收入假设一致。

(3) 流动性约束假说

流动性约束假说则从另一角度解释了消费的过度敏感性。以美国为例，以往研究认为有相当数量的消费者只拥有很少的财富，这一现象无法使用预防性储蓄理论进行解释。从财富积累的总量来看，基于预防性储蓄理论得到的估计值将远高于实际值。以此，众多研究提出消费出现"过度敏感性"的一个重要原因是流动性约束的存在。流动性约束是指个人或家庭在面临资金不足时，由于现金或可快速变现的资产的缺乏而受到的限制。简而言之，流动性约束是指人们在满足其消费需求时所面临的资金不足问题。流动性约束可以分为即期的流动性约束、远期的流动性约束和观念上的流动性约束。当个人或家庭面临流动性约束时，他们可能不得不削减消费支出，推迟购买决策，或者依赖借贷等方式满足当前的资金需求。这种流动性约束可能导致消费者无法充分满足其真实需求，限制了他们的消费能力和购买力。

Campbell和Mankiw(1989)建立了对数型流动性约束理论模型。该模型成为当今应用最为广泛的考量流动性约束对消费影响的理论方法之一。流动性约束理论模型将可支配总收入和过度敏感性系数共同引入消费的影响因素中。同时对可支配总收入和过度敏感性的关系进行了约束，即过度敏感性程度越高，说明消费者可支配总收入中受流动性约束制约的比例越高。流动性约束下的消费者遵循最优消费决策时，储蓄行为逆经济周期。此外，该理论认为过度敏感性程度与金融市场发展水平有关，过度敏感性程度与信贷市场的发达程度成反比，例如一般在发展中国家过度敏感性水平在0.6到1之间。

通过流动性约束理论，可以得到如下的结论：第一，个人或家庭的收入水平是影响流动性约束的主要因素之一。流动性约束下的消费水平较低，原因是处于流动性约束下的消费者只能利用当期财富进行消费。此时消费与当期可支配收入存在正向关系，这就解释了消费的"过度敏感性"。这意味着他们对收入或财务状况的相对小幅变化会产生较大的影响，从而导致消费行为发生剧烈的变化。第二，流动性约束还会影响消费者的预期和消费心理。消费者一旦预期到未来可能面临流动性约束，即当消费者意识到他们面临资金不足的局面时，他们可能会更加谨慎地管理自己的消费行为。这主要归因于消费者的边际消费倾向较高以及他们对未来经济状况的担忧。出于对未来经济状况的担忧，消费者会更加倾向于削减消费支出，以应对可能的不确定性和风险。这种心理因素进一步增加了消费者对流动性约束的过度敏感性。这是因为流动性约束实际上创造了一个影子价格，影子价格是指消费者在做出购买决策时感知到的实际成本，在动态规划中作用于受到流动性约束的消费者的最优消费路径决策。它不仅包括商品或服务的市场价格，还考虑了消费者的机会成本和个人偏好。当消费者面临流动性约束时，他们通常会更加关注影子价格，通过权衡每个购买决策的机会成本，努力寻找具有更高价值的替代品。此时消费者将被迫降低当期消费，因为影子价格的存在令当期消费变得更为昂贵。综上，通过流动性约束理论，可推测由于未来可能会面对流动性约束，消费者将增加储蓄，因此当一个国家的消费者处于较强的流动性约束时，这个国家的储蓄率越高。对于政策制定者而言，扩大消费的有效途径之一是减轻流动性约束和提高消费者的财务稳定性，以促进经济的稳定和可持续发展。

2.3.3 健康相关概念及理论

健康是经济社会可持续发展中的重要问题，既包括社会健康，又包括特殊群体的健康状况。本节将介绍与健康相关的概念和理论，为后续关于老年健康的研究提供理论基础。

本节首先对与健康相关的概念进行回顾与介绍。最早对健康的定义是"没有疾病的状态"。进入20世纪，人们开始关注心理状态，由此，健康由单一的生理健康向生理和心理健康转变。健康从狭义上通常指个体身体和心理的良好状态。随着对健康概念的进一步探究，人们认识到健康是一个多维度的

第2章 概念界定、理论基础及预期

概念，健康不仅仅是无疾病或身体疾患，还包括身体功能的正常运行、心理福祉和社会适应能力。从广义来讲，健康的界定范围还包括社会健康，也就是个体除了对人、事、物具有良好的适应能力，即具有健康正常的行为和心理之外，同时也应该获得满足其正常社会需求、维持其社会属性的社会支持。世界卫生组织（WHO）于1948年提出了健康的三重定义——身体健康、心理健康及社会健康，并在2002年指出社会健康与身体健康和心理健康具有相等的地位，是人类健康评价体系重要的维度之一。社会健康是一个综合性的概念，将个体与社会环境相结合，强调社会因素对个体和群体健康的影响。其对健康的定义超越了个体行为和生物医学因素，而将注意力转向社会结构、社会关系和社会环境对健康的作用，强调了社会因素在塑造健康的过程中的重要性（Carlson et al.，2011）。此外，从社会健康和积极老龄化的关系来看，积极老龄化强调通过适应和应对老龄化人口结构变化，实现老年人的积极参与和发展，从而促进社会的可持续发展和健康繁荣，这与社会健康范畴中的社会支持和社会适应密切相关。

与健康相关的理论范畴涵盖了人口学、社会学、经济学及医学等众多领域，本节中选取与研究主题相关的健康理论进行介绍，具体如下所示。

(1) 健康人力资本理论

健康人力资本理论是健康经济学中的一个重要理论框架，该理论从人力资本视角出发，将健康视为一种新的可进行投资的资本形式。Schultz（1961）首次明确了人力资本的概念，并强调了人力资本对经济增长和社会发展的重要性。Schultz提出有两种形式的资本存在于生产活动中，分别是物质资本和人力资本。人力资本指的是人类所具备的、具有经济价值的健康、知识、经验、技能、智力等特征。个体可以通过投资教育、培训和健康等方面来增加其人力资本。这些人力资本投资可以提高个体的技能、知识和健康水平，从而提高其生产力和经济表现。其中，健康是进行人力资本积累的前提保证。具体而言，个人的健康及寿命的长短将影响人力资本的形成速度、效果、投资回报率及效益周期。由此，健康人力资本指出，个体通过投资健康，包括接受医疗保健、预防措施、健康行为等，以提高其健康水平，进而增强其人力资本。一方面，健康人力资本的积累促进了劳动力供给和生产效率。良好的健康状况使个体能够参与劳动力市场的时间延长，降低因健康问题而导致的劳动力缺席和劳动力参与减少，同时身体健康和心理健康的改善可以提高个体的工作效率和创新能力。另一方面，健康人力资本的投资提高了个体获得货币收入和生产非货币产品的能力。更为健康的状态有助于劳动者获得更多的职业发展机会和晋升可能性，从而进一步提高个体的收入，带来多重经济效益。因此，健康人力资本投资对经济社会资本的积累至关重要。

(2)健康需求理论

在健康人力资本基础上，劳动经济学家对健康人力资本投资扩展到微观层面进行研究。微观层面的健康人力资本从概念上更关注个体的知识能力(或人力资本存量)对其市场经济部门生产力的影响，既包括提高货币收入的能力，又包括在非市场或家庭部门生产非货币产品(即满足自身效用函数商品)的能力。根据理性人假设，个体为提高其劳动生产效率，基于自身的效用和利益最大化原则，会选择投资教育或培训，这些成本涵盖了市场商品的直接支出和如果无法从事其他活动导致的时间机会成本。在此基础上，Becker(1964)构建了最优人力资本投资模型，分析了人力资本投资数量在个体的生命周期内的变化和在相同年龄的个体之间的对比。

后续研究对健康需求进行了进一步刻画。Grossman(1972)提出了健康需求理论模型，该模型基于个体的效用最大化原则，假设个体在面临有限的健康资本和时间资源时，通过投资于健康来增加其效用水平。指出个体会在健康资本(健康投资)和非健康资本(其他消费)之间做出选择。个体的健康资本是通过医疗保健、健康行为和其他与健康相关投资的累积而形成的，是由健康资本的产出函数、衰退函数及个体的健康投资决策组成的。健康资本的产出函数描述了健康资本对于个体生产力和效用的影响。它表明，增加健康资本将提高个体的生产力和效用水平。健康资本的衰退函数则描述了健康资本随着时间的推移而逐渐衰退的情况。个体在健康投资决策中则考虑到了健康资本的产出和衰退以及投资成本。个体权衡了投资健康所带来的当前和未来效用增益与投资的成本，包括金钱、时间和努力等方面。根据期望的效用最大化来决定投资健康的程度。此外，该模型认为健康资本不同于其他形式的人力资本，原因之一是人力资本是通过个体的知识储备提高市场和非市场活

第2章 概念界定、理论基础及预期

动中的生产率,但健康人力资本是通过健康存量影响劳动者用于获得收入和购买商品的时间总量。综上,Grossman 的健康人力资本需求模型为解释个体健康投资决策提供了理论框架,并可以用于健康政策的制定和评估。

(3)健康信念模型

健康信念模型(Health Belief Model,HBM)是一种广泛应用于健康行为研究和健康促进领域的行为理论框架。该模型旨在解释个体在健康相关决策中所表现的行为和选择,以及个体对健康问题的知识、信念和态度的影响。关于健康信念的理论产生于 19 世纪 50 年代末 60 年代初,其概念最早由 Hochbaum 于 1958 年提出。健康信念模型基于个体效用最大化的理性决策框架,认为个体在决定是否采取健康行为时会权衡多个因素。该模型包括感知健康威胁、感知健康利益、自我效能、健康行为的障碍等核心概念。感知健康威胁指个体对自身面临的健康问题和风险的主观认知。这包括个体对疾病的严重性、患病的概率以及疾病对生活影响的评估。感知健康利益是指个体对采取特定健康行为所带来的潜在好处的主观评估。这包括个体认为该健康行为能够降低疾病风险、提高健康状况或生活质量的程度。自我效能指个体对自身能够成功采取和坚持特定健康行为的信心水平。自我效能感受到的强弱会影响个体对于克服困难、应对挑战和取得成功的信念和动机。健康行为的障碍指个体对采取特定健康行为所面临的障碍和困难的主观评估。这包括个体对行为成本(例如金钱、时间、努力)、社会压力、知识不足和风险不确定性等方面的考虑。除了以上核心概念,健康信念模型还考虑到个体的社会影响和自我识别。社会影响包括家庭、朋友、同伴和社区等对个体行为的影响和规范。自我识别则指个体将自己与所期望的健康行为和身份相匹配的程度。Rosenstock(1974)在健康信念模型中对行为决策与健康信念之间的关系进行了探讨,将健康行为的决策和采纳视为个体对健康问题的认知、信念和态度的结果。他强调个体对患病威胁的认知、采取预防措施的动机、个人能力和行为的成本效益等因素对健康行为的影响。

综上所述,健康人力资本投资、健康需求理论模型及健康信念模型等理论为积极老龄化构建奠定了理论基础。一是通过健康人力资本投资,个体可以提高老年期的健康水平和功能能力。健康人力资本的积累包括养成健康的生活方式、接受预防性医疗保健、获取健康知识和技能等。通过健康资本的积累，个体可以获得健康回报。在积极老龄化的背景下，这些健康回报可以使老年人保持更好的健康状态，延缓健康衰退和功能下降。这有助于实现积极老龄化的目标，使老年人能够继续参与社会和经济活动，并享受高质量的生活。二是健康需求理论模型认为，健康资本的积累可以提高个体的生产力和能力。在积极老龄化中，老年人通过投资健康资本可以保持较高的身体和认知功能，提高他们在劳动力市场和社会中的参与能力，这有助于实现积极老龄化中推动老年人对社会贡献的目标。三是健康信念模型关注个体在健康决策中的信念、态度和行为选择，能够对推动积极老龄化的健康行为和态度产生影响。通过提高老年人对健康问题的认知，增强对潜在健康威胁的认识，可以激发他们采取积极的健康行为。这些行为有助于维持老年人的健康状态，实现积极老龄化的目标。

2.4 数字经济对积极老龄化的影响预期

2.4.1 数字经济与积极老龄化的关联机制

人口老龄化是社会发展到一定阶段而出现的典型现象，根据人口预测，人口老龄化的进程将随着时间的推移而加深(Coleman，2006)。这一过程对整个经济和社会产生了深远的影响。特别是，涉及与年龄相关的支出的预计增长，包括养老金、医疗保健和长期护理等成为各界担忧的问题。适应人口老龄化的新情况将是不同利益相关者(机构、组织或个人)面临的主要挑战。为了抵消人口老龄化的影响，政界、学界提出了各种策略，其中积极老龄化政策似乎是最关键的举措(Walker & Maltby，2012)。

数字经济是社会发展的另一现实状况，以信息、通信技术(ICT)为代表的数字技术成为当代世界的重要资源，为国家、组织和个人提供了广泛的潜在利益。随着全球老龄化趋势的加剧，数字经济在塑造积极老龄化社会的过程中发挥着重要作用。具体而言，使用 ICT 技术不仅可以减轻老龄化的负面影响，而且还可以促进将老龄化人口危机转化为整个经济和社会发展的机会(Soja & Soja，2015)。从老年人自身情况而言，与人口年龄增长相匹配的是

第2章 概念界定、理论基础及预期

老年人口开始越来越多地使用数字技术。已有研究表明,老年人群体已经成为以互联网和计算机技术为代表的 ICT 采用者中增长最快的群体(Chiu & Liu,2017)。因此,数字经济及数字技术发展为适应积极老龄化的挑战带来了机遇。

有鉴于此,世界各国及组织开始关注数字经济背景下积极老龄化的发展。例如欧盟于 2020 年发布的《社会挑战——健康、福祉和积极老龄化方案》中倡导需利用 ICT 技术促进健康和积极老龄化进程。并提出了三种方案:一是在辅助生活环境中使用服务机器人,为有认知障碍的独立生活老年人提供 ICT 技术,以促进积极和健康的老龄化形成;二是将先进的 ICT 技术系统应用于综合保健服务、健康和疾病的自我管理,发展综合、可持续、以公民为中心的保健服务;三是提高卫生信息、数据的利用效率,并为卫生政策和法规提供证据基础。以上措施均能够提高老年人的生活方式与健康状况,尤其适用于患有认知障碍或慢性疾病的老年人。Han 和 Braun(2013)针对韩国老龄化问题进行了研究,其研究认为"数字扫盲"是积极老龄化的一个关键要素,这可以增加韩国老年人获取信息的机会,促进老年人适应当今的交流模式和参与社会联系。为了推广积极老龄化和数字老龄化的概念,韩国老年人生活改善科学研究所(RISBLE)通过建设网络家庭、互联网导航等项目帮助老年人掌握新技术,加强代际关系及参与社会活动,并通过老年人产生的贡献使其获得幸福感和获得感。

特别需要注意的是数字鸿沟对积极老龄化的负面影响。积极老龄化不仅涉及老年人良好的身心健康、生活质量和福祉,还需要社会包容与社会参与。数字经济背景下的社会参与需要数字技术的支持,这就要求老年人需要有物质手段和机会来使用数字技术和积极进行数字参与的态度(Urbina et al.,2022)。研究表明,对于老年人来说,电脑和互联网可以成为其强大的辅助技术,帮助他们在健康状况下降或能力有限的情况下保持独立性、社会联系和价值感,同时也为提高他们的生活质量提供了新的机会(Wangberg et al.,2008)。老年人对 ICT 技术的接受程度主要有逐步熟悉、适应和好奇及逐步接受三个阶段(Demiris & Hensel,2008)。然而,由于身体和认知能力的限制、数字素养的低下、对技术使用的障碍和恐惧,使得老年人在数字技术的使用上落后于年轻人,这是世界范围内的普遍现象,并形成了以年龄作为导向的"银发数字鸿沟"(Blažič & Blažič,2020)。此外,大部分老年人由于贫穷、被孤立和健康不佳等因素,在社会中被排斥的风险更高,如果他们无法获得通过互联网提供的更多的机会和服务,就可能面临新的社会排斥形式(Olphert & Damodaran,2013)。如何在数字经济时代缩小老年人的数字鸿沟,推行积极的老龄化政策,已经引起了世界各国的高度关注。中国进入老龄化社会后,同样开始关注如何利用数字技术提高老年人福祉。2020年11月,国务院办公厅印发了《关于切实解决老年人运用智能技术困难的实施方案》,意图围绕老年人出行、医疗、消费、娱乐事务等日常生活中涉及的7类高频事项和服务场景,通过建立长效机制,有效地解决老年人面临的数字鸿沟问题。

数字经济与积极老龄化的关联存在于社会保障和社会参与两个方面,前者注重数字技术对老年人福祉的促进作用,弥补数字鸿沟带来的福利损失,后者关注老龄化程度加深形成的银发经济以及老年人对经济社会发展的贡献程度。首先,从数字经济与社会保障的关联来看,已有研究认为数字经济带来的智能化显著提升了老人独立养老、生活能力和生活质量(Bowles et al.,2015)。盛见(2021)提出养老服务数字化转型是数字经济加速发展下的必然趋势。此外,有学者认为数字经济通过数字技术、服务数字化、赋能效应化对互联网医疗和智慧养老有促进作用(夏杰长和王鹏飞,2021)。然而,Liu等(2021)研究发现数字鸿沟降低了老年人的身心健康水平和社会参与水平,抑制了老年人的保障水平,从而阻碍了积极老龄化。其次,就数字经济对银发经济的作用而言,Soja(2017)认为老龄化人口危机将转变为社会和经济机会,随着信息和通信技术创新进入市场,老龄化社会为经济增长开辟了新的领域。老年群体对医疗、休闲等需求增加,理论上将促进公共和消费支出的增加,这将对许多现有市场或新兴市场产生显著的拉动效应,从而使人口老龄化和整体经济受益。

基于上述分析,本书拟从消费和健康层面分析数字经济与积极老龄化的关联机制，这符合积极老龄化概念中提出的"既要促进老年人身心健康及福祉，又要发挥老年人社会参与的贡献能力"要求。

2.4.2 数字经济与老年人消费

银发经济是指与老龄化人口相关的经济活动和市场。它涵盖了与老年人的需求、消费、就业、养老服务、医疗保健和社会参与等相关的经济领域。银发经济的概念强调了老年人口在经济中的重要性和影响力，以及将老年人口作为一个特定市场和消费群体进行研究和分析的必要性。欧盟委员会在2015年指出银发经济涵盖了与人口老龄化相关的不断增长的公共和消费者支出以及与老年人口的特定需求相关的现有和新兴的经济机会。随着老龄化程度的加深，数量庞大的老年人群体作为消费者的潜力已经被发现，创新企业的营销策略中已经将老年客户纳入目标客户群，并且在信息和通信技术领域为老龄化社会设计了大量产品，这将有助于扩大市场(Soja,2017)。Badowska(2016)通过对波兰的研究认为，老年消费者对创新的新技术产品应表现出积极的态度。为老年人调整新兴信息和通信技术市场，以及老年人对数字技术态度的积极变化对银发经济的发展至关重要。本节将对数字经济与银发经济中老年人消费需求的关联进行分析，并提出假设预期，为后续实证研究奠定基础。

理论上，数字经济与老年人消费的影响主要通过以互联网为代表的数字技术实现。He等(2022)认为数字经济的发展对中国老年人口的经济结构和物质富裕程度的提升做出了显著的贡献。老年人的数字红利主要通过更低的搜索成本、更便捷的支付和更多的社交互动来实现。首先，消费者对互联网的功能感知是影响其消费行为决策的主要原因(Amaro & Duarte,2015)。从理论上讲，互联网通过获取他人溢出的知识拓宽了消费者的信息来源。更低的搜索成本带来的感知功利价值、流畅的体验和互联网提供的交互性正向影响消费者对在线购买意愿的态度(Wu et al.,2014)。此外，互联网技术的发展使消费习惯从现金支付演化为电子支付(例如中国阿里巴巴公司推出的数字支付系统支付宝)，简化的支付方式改变了人们的支付习惯(Wu & Yang,2023)。Van Deursen和Helsper(2015)认为，使用互联网可以降低老年人在购买商品时的活动成本和难度，从而刺激他们的消费意愿。其次，随着老年人越来越频繁地使用互联网等信息技术，互联网作为一种新的社交媒体也为老年人与外界之间的互动提供了有效的手段(Hunsaker & Hargittai, 2018)。在线社交媒体可以让老年人跨越时间和空间的限制，增强他们的社交互动频率，并获得丰富的信息(Schehl et al., 2019)，结合群体效应将同样刺激老年人的消费支出。对于数字经济背景下中国老年人消费而言，李军和李敬(2021)发现数字赋能能够促进老年消费增长，改善老年消费结构。杨柳和孙小芳(2022)认为，以互联网技术为基础的智慧物流与产业结构升级是数字经济作用于老年消费的主要途径。

然而，值得注意的是"退休消费之谜"、数字鸿沟及中国老年人倾向储蓄的保守观念并未完全释放出数字经济背景下"银发经济"的市场价值，具体体现在两方面：首先，"退休消费之谜"是指在退休后，个体的消费支出通常低于预期。根据经济学模型和传统的生命周期理论，预期个体在退休后会增加消费支出，因为他们不再需要存储收入以应对未来的支出和储蓄目标。然而，实际情况往往显示出退休人口的消费支出下降或稳定的趋势，这种趋势阻碍了数字经济下"银发经济"的发展。预防性储蓄的行为同样对老年人消费产生影响。其次，尽管数字技术改变了生产和交易，影响供给和客户需求的方式，但与互联网用户相比，非互联网用户的消费需求却受到了抑制(Vatsa et al., 2022)，从而加剧了消费不平等(Bartikowski et al., 2018)。在网络接入和使用技能方面，老年人显然与年轻人存在较大差距，这种由数字鸿沟带来的消费负面影响在老年人中更为明显(Wu & Yang, 2023)。

因此，本节提出预期：数字经济将通过以互联网为代表的 ICT 技术影响老年人消费，数字鸿沟却对其产生干扰。基于此预期，本书将进行实证检验，并探寻其中的作用途径和解决方法。

2.4.3　数字经济与老年人健康

以往的研究主要是对老年人使用互联网对其身心健康的影响进行的考察。从对心理健康的影响来看，使用网络可以减少老年人的孤独感，从而改善老年人的心理健康状况(Liu et al., 2021)。此外，研究表明使用互联网还可以通过增加老年人的学习频率来促进老年人的心理健康发展(Cotten et al.,

2014)。互联网使用与老年人幸福感之间的关系同样得到了证实。在对美国 50 岁以上老年人的横断面分析中，使用互联网使得老年人患抑郁症的可能性降低了 20%～28%(Cotten et al.，2012)。Seifert 等(2017)发现互联网使用与老年人获得更强的社会支持、减少孤独感、更好的生活满意度、更好的心理健康及更好的整体心理健康之间存在正向联系。Yu 等(2016)的研究认为，社交媒体的使用尤其与老年人幸福感的提高有关，使用在线社交网站的老年人往往能获得来自朋友的更高感知支持和更多的社会联系。一些研究通过测量与互联网或计算机相关的社会心理结果对互联网与老年人心理健康的影响进行了考察。例如 Chu 等(2009)进行了一项随机对照设计，测试了一项帮助培养老年人在线健康信息搜索技能而进行的互联网干预项目，结果表明，参与该互联网项目的老年人减少了互联网技术使用焦虑，增强了数字参与自信及自我效能感。相对互联网对心理健康的影响，关于与互联网使用有关的身体健康结果则研究较少。有学者认为老年人可以通过互联网掌握更多的健康知识，进而提高身体健康水平(Yu et al.，2016)。最近 ICT 技术的发展使人们能够很容易地收集有关其健康状况的实时信息，并在出现问题时与保健服务机构联系。这有助于老年人在家中保持独立，并促进疾病预防(Vicente，2022)。

通过以往的文献发现，相对于 ICT 技术对身体健康的影响，ICT 技术对心理健康具有更显著的作用。但大多研究仅从日常生活中单一的方面进行研究，未考虑突发事件下互联网等数字技术对老年人心理健康的作用及结果。OECD 指出在人口限制和流动限制的背景下，通信技术已以不同方式用于支持提供保健服务，可基于智能手机从远程咨询到使用进行远程监测评估。由此，本书将通过实证案例对此进行分析，结合上述文献基础提出假设预期：数字经济将通过以互联网为代表的 ICT 技术作用于老年人心理健康，突发事件下此作用同样成立。

2.5　本章小结

随着全球老龄化进程的加速，数字经济在塑造积极老龄化进程中起着日益重要的作用。数字经济以其独有的特点和创新的技术手段，对积极老龄化的多个方面产生了积极的影响。近年来,中国大力推进数字技术适老化发展,致力于创造对老年人友好的互联网环境,帮助老年人跨越"数字鸿沟"、共享数字经济发展成果,进一步激发老年群体的活力。本书旨在分析数字经济对积极老龄化的影响,并讨论其中的机遇和挑战。

  本章中,通过对以往文献的分析,探讨了数字经济与积极老龄化的关联,分析了数字经济对老年人消费和健康的具体作用。此外,还关注了数字鸿沟等问题对银发经济的影响,为后续实证分析和政策建议奠定文献基础,从理论阐述上成为促进数字经济与积极老龄化的良性互动的依据。

第 3 章

老年人人口特征及其数字参与类型分析

数字经济与积极老龄化

在研究数字经济与积极老龄化联系的实证证据之前,首先需要明确关于老年人的分类定义及目前其数字参与的类型和数字参与的差异。老年人数字参与的研究在如何定义和约束其人群方面存在差异。值得注意的是,研究对年龄类别的分组方式以及起始年龄意味着数字技术使用习惯与类型各不相同。老年人年龄组可能从45岁(例如Czaja et al.,2013)、51岁(例如Cotten et al.,2014;Silver,2014)、60岁(例如Lam & Lam,2009)或65岁(例如Gell et al.,2015;Friemel,2016;Quan-Haase et al.,2017)开始。因此,本章拟从中国老年人口特征出发,描绘老年人口结构特征,以从年龄分类更科学地剖析中国老年人的数字参与问题。其次,对当前老年人数字参与情况进行阐述,更为细致地为积极老龄化下老年人数字技术应用问题奠定基础。

3.1 老年人人口特征分析

根据2021年第七次人口普查的调查结果,全国数据显示,中国60岁以上老年人平均占比约为18.70%。从老龄化社会定义来看,当60岁以上老年人占总人口比例达到10%时,则视为进入老龄化社会。老龄化社会按照老年人占比程度普遍分为轻度老龄化、中度老龄化及重度老龄化:轻度老龄化定义为当60岁以上老年人口占总人口比重为10%~20%;中度老龄化定义为当60岁以上老年人口占总人口比重为20%~30%;重度老龄化定义为当60岁以上老年人口占总人口比重超过30%。根据该指标,能够判断中国已经进入轻度老龄化社会。

3.1.1 我国老年人人口结构

人口结构指基于不同的标准将人口划分为在一定时点、地区的总人口内部的各种不同质的数量比例关系,这种关系受到人类经济、社会、文化发展及自身变化的综合作用。从中国总体人口结构特征来看,呈现适龄劳动人口下降、人口抚养比上升的趋势。根据2021年第七次人口普查数据,2020年中国人口总量约为14.41亿人,与2010年第六次全国人口普查数据相比,人口总量增加约7 200万人,增长率约为5.38%。从不同区域来看,东部地区人口占全国总人口比重约为39.93%,中部地区人口占比约为25.83%,西部地区人口占比约为27.12%,东北地区人口占比约为6.98%。与上一轮全国人口普查结果相比,东部地区人口所占比重上升了2.15%,中部地区人口所占比重下

第3章 老年人人口特征及其数字参与类型分析

降了0.79%，西部地区人口所占比重上升了0.22%，而东北地区人口所占比重下降了1.20%。从性别比例来看，男性人口占总人口比重为51.24%，女性人口占总人口比重为48.76%，该结果与2010年第六次全国人口普查基本一致。从全国人口的年龄结构来看，14岁及以下人口数量约为2.53亿人，15岁到59岁人口数量约为8.94亿人，60岁及以上人口数量约为2.64亿人，占比分别为17.95%、63.35%及18.70%。值得注意的是，其中65岁及以上人口数量约为1.91亿人，占总人口比重达到13.50%。与2010年第六次全国人口普查结果相比，14岁及以下人口的比重上升1.35%，15岁到59岁人口的比重下降6.79%，60岁及以上人口的比重上升5.44%，65岁及以上人口的比重上升4.63%。这个数字在未来几十年内预计将继续增长，老年人口的比例也将不断提高。全国31个省份(港澳台地区除外)中，除西藏外的30个省份老年人比重超过7%，65岁及以上人口比重超过14%的省份数量达到12个。

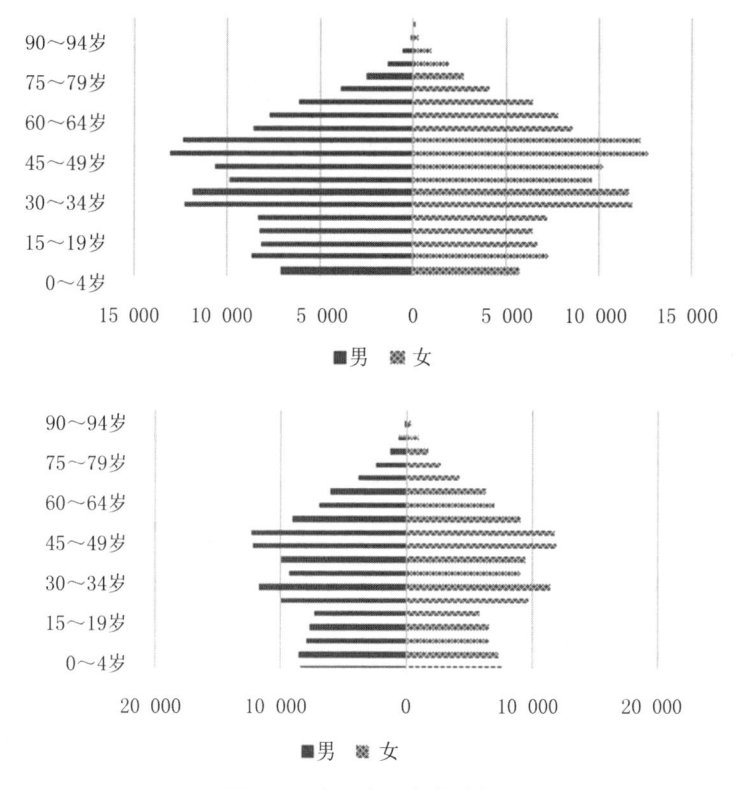

图 3.1 中国人口年龄比例

数据来源：《中国统计年鉴》。

数字经济与积极老龄化

本节以2010年第六次人口普查数据和2021年第七次人口普查数据描绘人口年龄结构金字塔为参照，如图3.1所示。人口年龄结构金字塔是一种用来描述和分析人口年龄和性别分布变化的图形工具，其不仅能够反映一个地区或国家的人口特征和趋势，还可以计算年龄依赖比，即计算年轻人口和老年人口的对比，高年龄依赖比表示较多的非劳动力人口，会对社会养老和医疗等方面产生较大的压力。金字塔的左侧代表男性人口，右侧代表女性人口。每个年龄段的人口数量用直方图的高度表示，年龄段从底部向上递增。金字塔的宽度表示该年龄段的人口比例。

从图3.1的描绘结果来看，总体年龄结构的变化显示总人口数量虽然有所提高，但老龄化趋势明显，新生人口增长放缓，适龄劳动人口和老年人口比重均提升。总人口中生育率的下降导致了少儿抚养比例降低，但从总抚养比来看，中国2020年人口抚养比达到45.9%，较上一轮普查结果上升了11.7%。这意味着老年人口增加是导致总抚养比上升的主要原因，中国人口年龄结构中"少子化"和"老龄化"问题凸显，高龄化成为中国人口老龄化的一个重要特征。

中国"老龄化社会"的形成与发展具有一定的特殊性，其形成的历史背景可以追溯到20世纪的人口政策和社会经济发展。新中国成立后，中国主要经历了三次婴儿潮，分别是新中国成立后1951年开始的第一次婴儿潮、1962年—1965年三年困难时期结束后的第二次婴儿潮，以及1986—1990年的回升婴儿潮。从第一次和第二次婴儿潮来看，1951年开始到1970年中国新出生人口数量达到4.76亿，人口净数量增长约2.8亿，总人口数量从新中国成立之初的5.52亿快速增长到8.30亿，增幅成为中国自清朝以来人口增速的最高峰值，超过了人口基数的50%。这一阶段中国人口变化特征呈现高出生率和低死亡率。1959年到1961年，由于自然灾害造成的饥荒使死亡率攀升、出生率大幅度降低，1962年困难时期结束后随着经济状况的好转，补偿性生育意愿使1962年到1965年的人口增长进入了超过以往时期的高峰期，1964年的人口出生率高达39.34‰，成为人口生育率的顶峰值。1971年7月，国务院

第 3 章 老年人人口特征及其数字参与类型分析

批转《关于做好计划生育工作的报告》，将控制人口增长的指标首次纳入了国民经济发展计划之中，1973 年开始逐步实施。1982 年 9 月，正式将计划生育确定为基本国策，标志着人口政策正式迈入计划生育阶段。尽管计划生育政策的实施在一定程度上控制、调节了人口数量高速增加带来的压力，但"婴儿潮"的影响仍在继续。1986 年到 1990 年，第一次、第二次婴儿潮出生的人口达到适龄婚育年龄，带来了第三次婴儿潮的出现。三次婴儿潮的出现使得人口数量大幅度上升，而计划生育的影响一定程度上成功地控制了人口数量，但也导致了人口结构的变化。

随着医疗技术的进步和生活水平的提高，中国人的平均寿命在不断延长，死亡率逐渐下降。2010 年开始，第一次和第二次婴儿潮出生的人口逐渐迈入老年期，急速增长的老年人口使中国逐渐陷入"深度老龄化"的困境。另一方面，计划生育政策实施的近 40 年时间使生育率降低，与具有同等生育水平的国家和地区相比，中国从高生育率国家的水平滑落至低生育率国家行列。低生育率和死亡率变化趋势，成为中国人口老龄化的深层次原因，且这种趋势在很长时期内难以逆转。

生育率下降和预期寿命增加所引起的老龄化必然对中国经济社会发展造成影响。一方面，人口老龄化的加剧减少了适龄劳动年龄人口、降低了劳动参与率，最终导致劳动力有效供给的下降；另一方面，老龄化社会意味着更多的老年人需要养老金、医疗保健和长期护理等社会保障服务。这将给政府财政带来压力，尤其是在养老金支付和医疗费用方面。

就老龄化与劳动力市场的关系来看，以往研究就劳动供给、劳动力人口结构变化及劳动力老龄化进行了研究。首先，老年人口增加、退休人口数量增多，导致了劳动力供给减少，将进一步诱发劳动力的短缺和劳动力成本的上升(Shin & Choi, 2015)。劳动力的稀缺使得劳动力雇佣成本上升，同时由于劳动力稀缺带来的招聘难度增大，将增加企业的人力调整成本(咸金坤等，2022；张博等，2022)。其次，劳动力人口的年龄结构呈现老龄化趋势，中青年劳动力出现较大幅度的下降(蒋同明，2019)。而当青年劳动力的减少快于

劳动力总规模增长,劳动力退出速度将高于劳动力增长速度(童玉芬,2014),劳动力人口结构同样将向老龄化转变。Ransom 和 Sutch(1988)发现美国劳动参与度明显下降的其中一个重要原因是退休老人增多而导致的劳动力供给不足。

从老龄化与社会保障的关系来看,人口预期寿命的增长造成医疗保险基金的增多和养老金的严重短缺,给国家财政制度带来压力。根据以往的研究,年龄与社会保障、医疗服务的需求呈现正相关关系,老年群体会消耗更多的社会医疗资源(乐章和秦习岗,2021)。老龄化的加剧影响了养老金体系的发展,对养老金体系的要求向寻求多支柱的、满足不同人群需求及保持供需平衡的养老金体系转变(褚福灵,2015;陆颖,2022)。

3.1.2 老年人数字参与的人口学特征

老年人作为数字技术使用者,其数字参与情况与其数字技能水平、数字设备拥有及使用情况(即计算机、智能手机、平板电脑或其他数字设备的使用频率和熟练程度)、数字参与动机(如在线活动、社交媒体、线上学习等)、社会支持(即家人、朋友或社区组织的支持和鼓励)及个人偏好需求(社交联系、信息获取、在线购物等需求)相关。而这些数字技术应用习惯(如互联网等)与老年人的人口学特征具有一定联系。下面主要通过教育程度、收入、性别及健康人口学特征逐一阐述:

在具有人口代表性的大型老年人样本中,较高的教育水平始终与互联网使用有关(Gell et al.,2015;König et al.,2018;Silver,2014)。Anderson & Perrin(2017)研究发现拥有大学学历的老年人上网的可能性要比其他老年人大得多,92%的获得大学学历的老年人上网的可能性高于有大学经历但没有大学学历的老年人(76%)和高中学历的老年人(49%)。同样的发现也适用于收入和互联网使用之间的相关性。在美国,几乎所有高收入和中等收入的老年人(每年5万美元)都是互联网用户,占比分别高达94%和90%。在中低收入和低收入的老年人中,这一比例急剧下降至67%和46%。其他研究也发现了老年人社会经济地位和互联网使用之间的类似关系(Yu et al.,2016)。

第3章 老年人人口特征及其数字参与类型分析

从性别角度来看，关于数字技术使用的性别差异有两种不同观点。Friemel(2016)研究表明在控制其他社会人口因素时，老年人的性别和互联网等数字技术应用之间没有关系。但部分研究却指出男性老年人数字技术应用比例高于女性，如König等(2018)、Van Deursen和Helsper(2015)的研究。其可能原因在于男性数字技术应用的自信率高于女性(Chu，2010)。Yu等(2016)根据美国数据样本却发现老年女性比老年男性更易使用互联网等数字技术，这一性别使用差距随老年人年龄增长而缩减。

健康因素同样在老年人数字技术应用方面发挥着作用。一些研究表明更好的整体认知与互联网使用显著相关(Freese et al.，2006；Hamer & Stamatakis，2014)。当考察认知的特定领域时，完整的推理、记忆和智力都与更好的网络导航技能有关(Czaja et al.，2013)。身体功能状态下降或残疾可能会妨碍上网(Gell et al.，2015；Greysen et al.，2014)。König等(2018)根据17个欧洲国家数据研究发现，能够通过老年群体的自评健康状况来预测老年群体中的互联网等数字技术应用者。另一方面，认知功能与老年人互联网使用显著相关，因为认知损伤最有可能出现在晚年，由此阻碍日常活动和社会交往。随着认知能力的下降，老年人可能无法进行越来越流行的网上活动，例如付账、预订、购物以及与家人和朋友交流等活动。

总体而言，虽然老年人使用互联网的人数明显增加，但人口和社会经济因素造成的访问不平等仍然存在，需要更多的关注。已有研究对此进行了更深入的检查，并梳理出了可能阻碍老年人使用互联网等数字技术的潜在信念问题。例如，老年人不采用互联网技术的原因更有可能是对互联网使用缺乏兴趣，而不是出于成本考虑或访问互联网限制(Helsper & Reisdorf，2013)。进一步分析，由于缺乏数字技术使用意识，会降低数字技术使用能力，进而对互联网能够提供的信息和服务缺乏兴趣，陷入"数字贫困"和"社会疏离"。从中国老年人数字技术使用的特征来看，Wong等(2012)发现感知易用性和态度对老年人网络使用行为意向有显著的预测作用，

3.2 老年人数字参与情况分析

从世界范围来看，随着时间的推移，老年人使用互联网的人数稳步增加。例如美国的调查显示，2000 年 65 岁及以上的老年人中只有 12%的比重使用互联网，这个数字到 2004 年增长到 22%，2008 年增长到 38%，2012 年增长到 53%，2016 年增长到 67%（Anderson & Perrin，2017；Zickuhr & Madden，2012）。虽然这表明随着时间的推移，数字技术使用者中老年人的比重有了相当大的增长，但与一般成年人口相比，老年人使用互联网等数字技术的比重仍然落后（Anderson & Perrin，2017）。除美国之外，来自其他国家的研究也显示了互联网用户比例的增加，但数据显示与其他年龄组相比，老年人的互联网用户比例却有所下降（Friemel，2016）。2015 年六大洲 19 个国家的全球互联网使用情况的总结报告显示，老年人使用互联网的总体趋势低于年轻人（数字未来中心，2016 年）。Friemel（2016）研究指出瑞士老年人在 70 岁以后上网的频率呈指数级下降，这表明存在明确的"灰色数字鸿沟"（Millward，2003；Morris & Brading，2007）。除了上述明显的差异之外，使用年龄队列来检查互联网使用情况支持了代际鸿沟的概念，已有研究发现与更大的年龄组相比，"二战"期间或之后出生的老年人更有可能参与在线活动（Gilleard & Higgs，2008）。Hargittai 和 Dobransky（2017）同样注意到了这种代际效应，其研究显示最大年龄组的老年人（80～97 岁）上网的可能性最小。

伴随着数字技术和互联网技术的变革，老年人进行的互联网上活动及种类也发生了改变。从世界范围的调查来看，2003 年美国老年人（65 岁及以上）最常见的线上活动是使用电子邮件和信息搜索功能，与 65 岁以下的成年人相比，使用这些功能的老年人所占比例与其他成年相似或略低（Fox，2004）。Jones 和 Fox（2009）使用了更明确的年龄队列用于分析老年人互联网的使用情况，即将老年组分为 55～63 岁、64～72 岁及 73 岁以上，他们的研究发现，电子邮件、一般在线搜索、产品研究及健康信息搜索仍然是所有老年人的首

第3章 老年人人口特征及其数字参与类型分析

选线上活动,甚至这些活动的频率相比 2003 年有所增加。然而,当比较老年人群体与其他成年人群体时,老年群体对互联网的使用频率依旧是最低的,但其中最年轻的老年组(55～63 岁)与一般成年人口的百分比相当,或者接近(Jones & Fox,2009)。

鉴于社交媒体的日益普及,学者开始特别关注老年人网络社交媒体的使用情况及产生的结果。根据 Zickuhr 和 Madden(2012)的研究,美国 65 岁及以上人群使用社交网站的比例从 2009 年的 13% 增长到 2011 年的 33%;Smith 和 Anderson(2018)的研究发现,到 2018 年使用社交媒体的老年人比例超过 40%。此外,社交媒体使用的比重在不同年龄组的老年人中存在明显的年龄—队列差异,较年轻组的老年人中(65～69 岁)使用社交媒体的比重高于最高年龄组的老年人(80 岁及以上)中使用社交媒体的比重,其比重分别为 47% 和 17%(Anderson 和 Perrin,2017)。虽然这些研究表明社交媒体使用存在这些老年人群体的年龄—队列差异,但也有研究表明老年人会更有动力、更多地使用互联网进行社交联系,而不是使用网络搜索信息(Sims et al.,2016)。人口学特征和社会不平等也对老年人社交媒体使用方面产生了影响,但目前的研究并未达成共识。例如,Anderson 和 Perrin(2017)研究发现社交媒体的使用在更年轻、受过高等教育、收入更高的老年人中更为普遍。而其他研究则发现,年龄、女性、就业及已婚的特征显著增加了使用社交媒体的几率,种族、受教育水平、收入及健康状况则没有对此产生影响(Yu et al.,2016)。Deursen 和 Helsper(2015)的研究同样支持了这一发现,即老年女性比男性更有可能使用社交网站。

中国的老年人数字技术使用出现近似的情况,截至 2008 年 6 月底,中国网民数量已达 2.53 亿,网民总量超过美国,成为世界上网民数量最多的国家(中国互联网络信息中心,2008)。但 50 岁以上的网民明显低于其他年龄段的网络使用者(Pan et al.,2010)。2024 年中国互联网信息中心(CNNIC)发布的《中国互联网络发展状况统计报告》显示,截至 2023 年 6 月,中国 60 岁及以上老年网络用户规模达 1.43 亿，占整体网民的 13%，60 岁及以上老年人口中的互联网普及率约为 51.07%，60 岁及以上中国老年网络用户群体的占比在 20 余年间提升了约 12%。截至 2023 年 12 月，20～29 岁、30～39 岁、40～49 岁互联网使用者比重分别为 13.7%、19.2% 和 16.0%。50 岁及以上互联网使用者占比由 2022 年 12 月的 30.8% 提升至 32.5%。互联网进一步向中老年群体渗透，如图 3.2 所示。

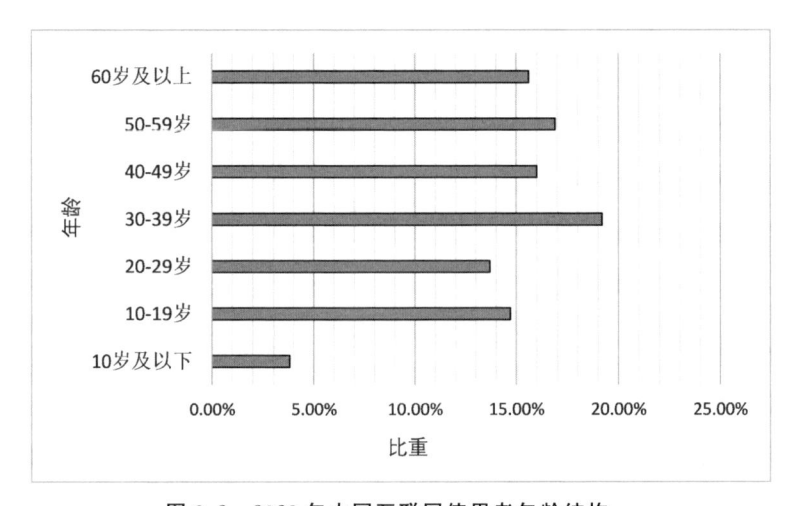

图 3.2 2023 年中国互联网使用者年龄结构

数据来源：《中国互联网络发展状况统计报告》。

从中国老年人的数字参与效果来看，虽然中国老年人的互联网使用率正在迅速上升，但与互联网使用相关的结果在很大程度上仍需要进一步探索(Tang et al.，2022)。目前，已有研究表明老年人可以从具有多种功能的互联网获益。互联网提供了随时获取信息的途径，提供了以游戏、电影和音乐形式进行娱乐的机会，并通过电子邮件、即时消息和在线聊天促进了家人和朋友之间的交流。并且通过互联网的使用有可能提高老年人的生活质量、增加其社会支持和互动、减少抑郁水平、提高其认知技能及有助其获得大量所需的健康信息和医疗服务(Pan et al.，2010；Shi et al.，2023)。

第3章 老年人人口特征及其数字参与类型分析

目前中国的老年群体使用互联网主要包括四个方面：一是生活服务类，比如网上购物、即时通信、在线支付、网上挂号等；二是休闲娱乐类，比如通过网络欣赏短视频、电影电视、音乐戏曲等；三是信息获取与知识学习类，比如信息查询、网络新闻、老年课堂、健康知识、反诈知识、生活小窍门等；四是创作分享类，老年人可以利用社交软件进行创作，并通过抖音等社交媒体分享和记录。由于新媒体技术的快速发展，网络短视频平台准入门槛低、拍摄制作简单，契合了老年群体想要自我表达的需求。能够使得拥有相对充裕的休闲时间和一定的社交娱乐需求的老年人通过社交网络丰富生活，实现自我价值。根据中国人民大学人口与发展研究中心与抖音联合发布的《中老年人短视频使用情况调查报告》得知，截至2021年4月，60岁以上抖音创作者累计创作超过6亿条视频，视频类型包括亲子互动、创意特效、美食美景、风采展示、动植物养护等，累计获赞超过400亿次，形成了"银发网红"现象。此外，值得注意的是，对于一些中国老年人来说，通过网络进行在线学习具有一定的文化意义。由于中国特殊的时代背景，1950—1958年出生的很多老年人失去了完成高中甚至初中教育的机会。因此通过网络进行在线学习被认为是一种实现之前由于被打断学习新知识的途径而失去的那些旧梦想的手段（Xie，2006）。尽管以互联网为代表的ICT技术使用可能给老年人带来潜在的好处，但这一群体在数字技术的采用方面似乎存在滞后现象。具体而言，有各种各样的问题影响着他们对这些技术的使用，例如缺乏互联网接入和相关的使用技能、数字设备较高的成本、对安全和隐私的担忧以及对查找信息、导航和使用程序的复杂性的担忧。

3.3 本章小结

随着数字技术的发展，一个相互依赖和相互作用的数字技术生态系统已经形成，推动整个经济社会发生深刻变革，尤其对个体日常生活和国家治理体系将产生深远的影响。老龄化背景下数目日益庞大的老年人群体更是建立

"数字包容型"社会需要重点考虑的对象。当今"老年大数据"在老年人出行、助餐、就医等方面的使用,都凸显了数字技术发展与数字中国建设在老龄社会治理方面的重要作用。

本章对老年人数字参与人口特征及以互联网为代表的数字技术参与情况进行了分析。虽然老年人中互联网使用者的比重不断提高,但由于年龄、受教育程度、使用态度等特征的差异,给推进老年群体全面融入数字技术生态系统造成了障碍。由此,基于上述研究,本书拟以60岁以上中国老年人作为研究对象,结合其人口特征、家庭特征及社会环境,对数字经济背景下互联网等数字技术给老年人消费和健康带来的作用展开研究,以为建立"数字包容型"社会、促进积极老龄化的形成提供参考。

第4章

数字经济与老年人消费

随着全球人口年龄和寿命的增加，老年人在当前和潜在互联网用户中所占比例越来越大。寿命的延长意味着老年时期延长，大多数理论和经验都强调，人们退休后消费会急剧下降（称为"退休消费之谜"），这与终身优化行为不一致（Banks et al.，1998；Schwerdt，2005；Smith，2006；Wakabayash，2008；Battistin et al.，2009）。但最近的研究表明，关于老龄化的过时的社会结构研究结果，使技术市场忽视了老年人作为有价值和相关消费者的潜力（Coughlin，2017）。此外，尽管大多数老年人认为技术对社会产生了积极影响，但近四分之三的老年人对自己使用设备完成在线任务的能力缺乏信心（Anderson & Perrin，2017）。因此，如何在数字经济时代，以数字技术应用释放老年人消费潜力成为值得关注的新问题，解决这一问题对积极老龄化及数据包容性社会建设具有重要意义。

本章主要探讨以互联网为代表的数字技术应用与老年人消费的联系，剖析互联网使用对老年人消费影响的机制路径，并对我国实施的数字基础设施建设对老年人消费影响的政策效果进行评价，以寻求利用数字技术促进老年人消费的有效方法。

4.1 老年人消费行为的特点和影响因素

4.1.1 我国老年人消费变动趋势

本节结合国家统计局数据和中国健康与养老追踪调查（CHARLS）微观数据，对中国居民整体消费情况和老年人消费变动情况分别进行描述性分析。CHARLS 数据库是由北京大学国家发展研究院主持调研的大型跨学科调查项目，收集了代表中国 45 岁及以上中老年人家庭和个人相关信息，该数据库包含了全国 28 个省（自治区、直辖市）的 150 个县、450 个社区（村），对中国中老年人具有广泛的代表性。CHARLS 数据调查包含了老年人个人基本信息、家庭结构、经济支持及健康状况等，对分析中国人口老龄化问题，推动老龄化问题的跨学科研究具有推动作用。

首先，图 4.1 描绘了 2013 到 2022 年中国城镇居民人均年消费支出情况。通过图 4.1 可以发现，消除通胀影响后，中国城镇居民人均消费水平整体变化呈平缓上升趋势。2013 年到 2019 年的人均消费支出增长率平均在 4% 左

第4章 数字经济与老年人消费

右。2020年，受新冠肺炎疫情的影响，消费增长率严重下滑至 −6%，到 2021 年，逐渐恢复正常，与 2020 年相比恢复至约 11%，2022 年则降至 −2%，意味着新冠肺炎疫情发生期间，中国城镇居民消费受到严重影响。

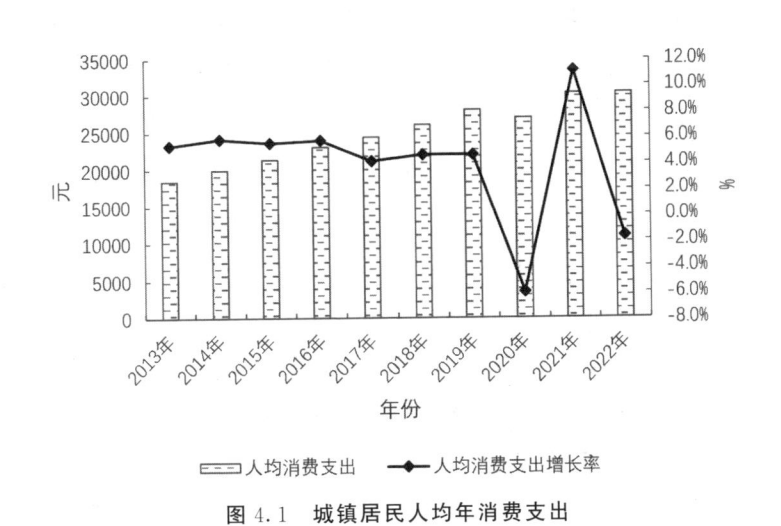

图 4.1 城镇居民人均年消费支出

数据来源：《中国统计年鉴》。

其次，通过 2015 年和 2018 年 CHARLS 数据[①]可以发现，中国城镇老年群体人均年消费支出同样呈现明显增长趋势，消除价格影响后人均年消费支出由 2015 年的 19 079 元上涨到 2018 年的 23 705 元。同时对比国家统计局宏观调查数据，2015 年全国居民人均消费支出约为 15 712 元，城镇居民人均消费支出约为 21 392 元；2018 年全国居民人均消费支出约为 19 853 元，城镇居民人均消费支出约为 26 112 元。从 2015 年、2018 年两个调查期的数据结果来看，对比人均消费水平，老年人消费偏低，其均值明显低于全国居民平均消费水平。

基于国家统计局规范的居民消费支出分类标准，本节依据 CHARLS 数据库将城镇老年人的消费支出分为 8 种类别，分别是食品烟酒、衣着、居住、生活用品及服务、交通通信、教育文化及娱乐、医疗保健、其他用品及服务。

---

① 目前 CHARLS 数据库更新至 2020 年，但由于 2020 年处于新冠肺炎疫情期间，消费具有突变性，因此不作为本章研究使用。

不同类型消费占老年人总消费的比重情况如表 4.1 所示。

根据表 4.1 所示,可以发现从不同消费类型的比重情况来看,城镇老年人的消费支出主要集中于食品烟酒、医疗保健及居住类消费。食品消费在 2015 年和 2018 年均是老年人消费占比最高的支出,分别是 40.9% 和 38.7%。老年人的医疗保健消费支出次之,两个年度的比重分别为 21.4% 和 22.8%,说明医疗保健消费是老年关注的消费类型。再次是居住消费,两个年度占比分别为 12.6% 和 13.5%。从 2015 年和 2018 年两期的对比来看,随着老年人年龄增长,在食品烟酒、生活用品及服务、交通通信、教育文化及娱乐方面消费比重下降,而在衣着、居住、医疗保健方面的消费比重上升,这说明城镇老年消费者更加注重生活环境和自身健康情况。

表 4.1 老年家庭各类消费占比 单位:%

消费类型	2015 年	2018 年
食品烟酒	40.9	38.7
衣着	3.5	4.2
居住	12.6	13.5
生活用品及服务	8.0	7.6
交通和通信	8.1	7.8
教育文化和娱乐	5.3	5.2
医疗保健	21.4	22.8
其他用品和服务	0.2	0.2

数据来源:CHARLS 调查 2015、2018 年数据库。

4.1.2 老年人消费相关研究背景

随着人口老龄化的加深和寿命的延长,消费已经成为老年生活新动态的一个主要方面。联合国 2009 年的一份报告指出:"老年人构成了一个日益增长的消费群体,他们有着特殊的需求和巨大的总购买力。"随着老年群体人口数量的增多,正逐渐成为消费市场的重要力量,带来"银发经济"冲击。从理论上而言,根据生命周期假说(LCH),即理性消费者的边际效用在其一生中趋于平缓，预期收入的下降（如退休）不会影响消费者的消费路径，因此传统消费理论认为社会老年抚养比的增高不会影响社会总消费。然而，"退休消费之谜"的出现动摇了这一理论假设。例如，退休后消费支出的下降可能是由于与工作相关的支出（如交通、服装消费等）和食品支出的减少，这一概念得到了许多研究的支持（Hurd & Rohwedder，2006）。Battistin 等（2009）提出，如果老年人没有为退休消费准备足够的储蓄，可能会导致他们的消费水平下降。因此，如何增加老年人合理的消费需求、促进老年人消费升级成为积极老龄化的重要课题。

从人口老龄化对社会总消费需求的影响来看，蔡昉和王美艳（2021）证实了年龄结构的老龄化转变对扩大社会总消费需求产生了阻碍。林晓珊（2018）认为家庭人口中老年人口数量的增多也将降低家庭消费需求。都阳和王美艳（2020）则发现，虽然家庭人口中老年人口数量的增多导致了较低的家庭消费，但家庭总消费中医疗消费占比却提升。陆地等（2022）通过实证发现家庭"少子化""老龄化"人口年龄结构对城镇居民消费需求产生负面影响。以上研究均证实当社会和家庭中老年人口数量占比的提高会导致总消费需求的降低。造成这个结果的其中一种原因可能是老龄化社会下"未富先老"现象的影响（马骏和沈坤荣，2021）。收入水平和财富积累的差距造成了弱势老年群体经济上的相对剥夺，继而会降低老年群体的总消费。

从对老年人消费的研究来看，国内外学者进行了一系列分析。首先，国外经验表明，随着老龄化趋势加强，老年消费市场规模不断扩大，形成了庞大的市场潜力（Gilleard & Higgs，2011）。就消费类别而言，Gilleard 和 Higgs（2011）将消费支出区分为基本家庭消费支出和复杂消费，前者包括服装、食品、住房和燃料/能源等必需品，后者包括休闲/娱乐、个人护理、奢侈品、旅行和假期等非必需品和服务。传统上，老年人被认为专注于简单的、必要的消费（Goldstein 1968）。老年人购买的商品和服务被视为赋予了它们的使用价值，它们满足老年人"基本"需求，如食物、燃料、住所和衣服等，而不是反映或加强他们的欲望。但 Gilleard 和 Higgs（2011）的研究提出美国的老年人正在成为"有闲"一代，养老金水平和收入的提高改变了老年人的消费模式，逐渐向复杂消费转变。例如，Therkelsen 和 Gram（2008）研究了老年夫妇

如何利用假期消费作为一种"社会身份建构的工具",以表达老年人追求更高层次消费需求的权利。Gerard(2004)证实了美国老年人消费开始向高级餐厅、文化娱乐、海外旅游等享受型复杂消费转变。此外,老年人的"复杂消费"并不局限于购买休闲用品和服务。各种各样的金融服务(如反向抵押贷款、长期护理保险、投资组合等)的出现,使得老年人开始购买理财产品来提高自己的晚年保障(Brennan & Ritch,2010)。

国内研究主要针对中国老年人的消费需求变化和消费影响因素等方面展开分析。就中国老年人消费需求变化而言,随着整体收入水平的提高,老年人传统"省吃俭用"的消费观念开始转变(查奇芬,2011)。中国老年人的消费从生存型消费逐步转向发展与享受型消费(金晓彤和王天新,2012)。包玉香和李子君(2013)认为老年人与年轻人相比,拥有较轻的生活和经济负担,因此日常消费主要用于满足个体需求。从国内老年消费的影响因素来看,个体特征、家庭关系及社会活动等均对其消费产生影响。李建民(2001)认为老年人生理变化、社会角色转变会导致其消费需求下降,而对健康保健、生活服务、精神需求的要求则导致消费需求的提升。杨成钢和石贝贝(2017)提出老年人个体特征(收入、年龄、教育等因素)、家庭支持及社会保障因素均对老年人基本需求型消费存在显著影响。杨雪和王瑜龙(2021)发现社交活动活跃度越高的老年人,拥有越高的衣着、食品、居住日杂、文旅及医疗保健等消费支出。

随着数字经济的红利效应,居民消费开始步入智能化、分级化和特色化的消费模式(朱雅玲和张彬,2021),老年人的消费开始受到数字经济的影响。数字经济产生的红利对城镇和农村老年人的消费均存在促进作用,城镇老年人享受型消费得到促进,而农村老年人的基本需求型消费得到提高(杨柳和孙小芳,2022)。彭小辉和李颖(2020)认为网络在线平台购物和移动支付等信息技术应用的普及是数字经济背景下提高老年消费的重要手段。李军和李敬(2021)发现"宽带中国"战略能够促进老年人的消费支出。

综上,老年人消费受到个体特征、家庭特征及社会环境等诸多方面因素的影响,数字技术作为当前传播最为广泛的应用对老年人消费产生作用。本章将考察数字技术应用对老年人消费的作用机制,从微观层面探索数字经济

第4章　数字经济与老年人消费

背景下促进老年人消费需求、提高其消费质量的途径，为积极老龄化构建提供实证研究价值。

4.2　数字技术应用对老年人消费的作用机制和路径

目前，互联网等数字技术应用与消费之间的关系已经从理论上得到了证明，主要基于理性行为理论(TRA)、技术接受模型(TAM)、计划行为理论(TPB)和创新扩散理论(IDT)。Amaro和Duarte(2015)强调消费者对互联网的功能感知是通过消费者感知影响其消费行为决策的主要原因。从理论上讲，互联网通过获取其他人溢出的知识，拓宽了消费者的信息来源。例如，互联网用户可以通过获取商家和消费者共享的商品信息(如价格、图像等)来规划自己的消费。这极大地缓解了消费者的搜索难度和感知风险，减少了单一渠道的信息不对称和产品不确定性对消费者的负面影响。此外，部分商品的独特性要求供应商和消费者之间需要通过大量不同的信息进行沟通。互联网实现了供应商和消费者之间的信息交互，信息不再受时间和空间的限制。通过互联网，供应商和服务提供商可以通过在线消费者画像技术，准确匹配居民消费意愿的需求。消费者反馈信息通过在供应商和消费者之间建立即时反馈的互动机制，反过来又增强了商品及服务的实用性(Buhalis & Law，2008)。互联网产生的去中介化极大地削弱了市场信息在卖方的分布，使得居民可以避开传统的中介经销商(Garces et al.，2004)。然而，消费者行为动机的主要决定因素是信息满意度。网上交易成功的前提是消费者的信息需求必须得到满足(Jeong & Lambert，1999)。信息质量差会影响消费者在线购买产品及服务的态度，从而制约他们的购买意愿。根据上述分析，本研究发现很难从理论角度判断互联网的使用是否能有效促进老年人消费。

根据技术接受模型(technology acceptance model，TAM)，本章假设互联网等数字技术使用通过信息渠道拓展、便捷支付及社会网络延伸三种渠道影响老年人的消费行为。TAM方法最早由Devis(1982)提出，目前是研究互联网等ICTs对消费者行为影响的主流方法之一。这个方法认为消费者对于ICTs的功能感知是影响其行为决策的主要动因(Amaro & Duarte，2013)。随着信息时代的到来,以互联网为代表的信息通信技术不断改变着人们的消费方式和行为方式。首先,互联网技术拓宽了消费者获取信息的渠道,满足了消费者决策的信息需求。信息环境影响消费者的决策感知,信息渠道是信息传播的核心要素。信息通信技术带来的信息渠道的拓展,减少了商品市场的信息不对称,弥补了信息交流的不足。其次,网上电子支付的交易便利性也对消费者的购买意愿起到了积极的作用(Niu et al.,2013)。消费者感知到的交易成本影响他们的购买意愿。然而,信息通信技术带来的效率提高节省了潜在的交易成本,包括沟通前成本、交易中的时间成本、合同成本和交易后的支出成本。再次,随着老年人越来越频繁地使用互联网等信息技术,互联网作为一种新的社交媒体也为老年人与外部世界的互动提供了有效的手段(Hunsaker & Hargittai,2018)。就互联网对老年人生活的影响而言,首先,在线社交媒体可以让老年人跨越时间和空间的限制,提高他们的社交频率,并获得更丰富的信息(Schehl et al.,2019)。其次,使用互联网还可以降低老年人购买商品的活动成本和难度,从而刺激他们的消费意愿(Van Deursen & Helsper,2015)。但在现实环境中,数字弱势群体(如老年人群体)无法同等地获得对 ICT 的感知有用性(Wu & Yang,2023)。Ma 等人(2024)认为,将经典的 TAM 方法演变成一个更新的理论框架是至关重要的,特别是通过纳入自我效能感、互动性和感知个性化等因素。

上述研究为本书提供了机制分析启示,本书将网络基础设施建设作为推进数字技术使用的政策手段,在此基础上分析信息渠道拓展、便捷支付及社交网络延伸三种渠道,寻求探索积极老龄化建设下推动老年人消费高质量发展的路径。本章与李军和李敬(2021)研究不同的是,他们的研究是通过宏观环境层面对宽带上网率、物流发展及产业创新作为渠道进行分析,而本书是从老年人自身的微观行为视角分析老年人数字素养(即老年人对数字技术的掌握程度)作用途径。具体的,我们将老年人数字素养扩展为对网络基础设施带来的扩展信息渠道、便利交易能力及社交网络扩大的感知,这构成了与老年人消费相关的信息技术使用能力,同时强调其个性化的感知。这与 Ma 等人(2024)强调的自我效能、互动性和感知个性化因素相一致。

第4章 数字经济与老年人消费

4.3 家庭人口结构变化对消费影响的实证检验

首先，本章将关注家庭内部人口结构变化对消费需求的影响，老年抚养比的变化是否能促进消费改变是本节重点研究的问题。从宏观背景来看，充分发挥我国超大规模市场优势和内需潜力，构建国内、国际双循环互相促进的新发展格局成为我国经济增长转型期的主要目标之一。当前我国居民消费水平提升、消费总量扩大，但数据显示仍存在居民消费率偏低，有效需求释放不足等诸多问题。人口年龄结构变动在消费影响因素中一直扮演着重要角色。根据生命周期理论，人口结构中少儿人口和老年人口的比例改变时，会对整个社会消费需求产生影响。从我国人口年龄结构变动来看，由于计划生育政策及生活、医疗条件的改善，使我国长期呈现生育率较低且老龄化程度增强的人口变动特征，而2016年全面实施的"二胎政策"、2021年实施的"三孩政策"又将使得我国人口结构变动更为复杂。由此可见，深入研究人口年龄结构特征对消费需求的影响机制，有针对性地提出扩大内需建议尤为重要。基于此，本书从家庭微观视角出发，结合机器学习LASSO方法揭示城镇家庭年龄结构变化对消费需求的平均影响及分层影响机制，并进一步探究了家庭人口年龄结构特征对消费非线性影响的门限效应，为我国新发展格局下扩大内需目标奠定基础。

从研究背景来看，现有国内外文献关于人口年龄结构特征对消费影响的研究主要分为理论研究与实证研究两种类型。理论研究基础一方面源自于Modigliani和Brumberg(1954)提出的生命周期理论，该理论认为人的一生可分为不同时期，且具有不同的消费倾向，当社会人口中少儿和老年人口比例增大，则社会平均消费倾向提高。在生命周期理论基础上，部分学者展开了一系列研究，但影响结果并不一致，一种观点认为少儿人口和老年人口数量的提升对消费率具有正向影响(Leff, 1969)，另一种观点却得到少儿人口数量提升增加消费，而老年人口数量提升降低消费的结论(Deaton & Paxson, 2000; Hock & Weil, 2012)。另一方面理论基础来自Samuelson(1958)的家庭储蓄需求假说，该假说提出家庭子女及储蓄均可视为养老工具且能够相互替代，子女数量增多时会减少家庭养老储蓄而增加消费。然而Becker(1981)

的研究则认为家庭储蓄需求模型没有考虑子女质量与子女数量之间的替代关系，当净收益相同时，家庭会选择减少子女数量而提升子女质量，子女质量的提升同样会降低家庭储蓄。由此，能够发现理论研究对于人口年龄结构和消费的关系研究具有启发意义，其研究结果却并未达成共识，仍需进一步探讨。

实证研究主要将人口年龄结构对消费的影响划分为少儿抚养比、老年抚养比及总抚养比的作用效果。在少儿抚养比的影响方面，大部分研究认为少儿抚养比的上升会提高消费（毛中根等，2013；Kuhn & Prettner，2015；周耀东和郑善强，2021）。一般情况下，家庭收入在满足基础消费后，一部分将用于抚养子女，另一部分作为预防性储蓄（刘铠豪和刘渝琳，2014）。对于中国独生子女家庭而言，子女往往被视为家庭的核心，父母对子女的消费投入表现出非理性，从而加大教育、文娱等消费投入（曹佳斌和王珺，2019）。另一部分研究认为少儿抚养比对消费具有负向影响，如李文星等（2008）应用1989—2014年中国省际数据，发现少儿抚养比对消费率产生较弱的负向效应。李春琦、张杰平（2009）根据中国宏观年度数据发现，少儿抚养比对消费形成显著负影响。就老年抚养比对消费的作用效果而言，具有以下三类观点：第一类观点认为老年抚养比提升将促进消费，尤其是文教、娱乐等消费，利于扩大内需（王宇鹏，2011；黄燕芬等，2019）。第二类观点认为老年抚养比对消费产生抑制作用，老年人口会增加养老储蓄而减少消费支出（Modigliani & Cao，2004；盛来运等，2021）。第三类观点认为老年抚养比对消费具有非线性影响。如于潇和孙猛（2012）发现，老年抚养比提升阶段对消费具有正向作用，老龄化进入中期阶段，对消费产生抑制，老龄化进入晚期时不会对消费形成影响。臧旭恒和李晓飞（2020）则认为短期内老龄化程度提高将降低消费，长期内老年抚养比提升对消费的正向促进作用将增强。关于总抚养比对消费的作用，宋保庆和林筱文（2010）发现，总抚养系数是居民消费倾向重要的影响因子，并对消费产生持续负影响。

当前实证研究方法主要采用传统的经济计量模型，相比传统经济计量方法，机器学习方法具有更优越的预测及泛化性能。近年来开始逐渐应用于经济社会科学领域的研究，一方面用于实证分析的模型优化、变量降维及预测；

第4章 数字经济与老年人消费

另一方面用于基于因果推断的微观政策效应的评估。在变量降维应用中，监督学习的 LASSO 回归方法较为常用，该方法主要通过对变量的选择避免了传统计量线性回归方法中过度拟合的问题(Varian，2014)。目前 LASSO 方法主要用于金融市场(蒋翠侠等，2016)、政策评估(Shi et al.，2020)等问题的研究，对人口经济行为及非线性影响机制的研究较少。人口经济行为研究中，张晓明等(2021)利用 LASSO 回归筛选工具变量就抑郁倾向对劳动收入影响予以分析，解决了内生性问题；Yu 等(2021)采用 CHARLS 微观调查数据，并应用 LASSO 方法筛选了积极老龄化的决定性因素。关于变量间非线性影响关系研究，韩猛和白仲林(2021)利用自适应组 LASSO 估计对门限因子模型进行了改进，并将其应用于金融市场分析，解决了模型选择一致性问题。基于上述文献，认为机器学习的 LASSO 方法应用较为广泛，有助于筛选显著影响因素，能够提高估计结果的有效性及准确性。

综上所述，相关研究为人口年龄结构对消费的影响关系做出了不同解释，但仍存在改进空间：第一，多数研究从宏观视角就社会整体人口年龄结构变化对消费的影响进行了研究，却忽略了家庭微观个体内人口年龄结构的改变。居民消费往往以家庭个体作为单位，家庭内部人口年龄变动决定了家庭最终消费，从而影响居民整体消费需求。第二，相关研究主要探讨了家庭人口年龄结构对居民消费的平均影响效果，忽视了对不同消费层次需求的作用差异，势必带来研究偏差。从家庭财富及消费偏好角度而言，家庭人口年龄结构对消费的影响较为复杂，主要体现在不同消费层次群体受家庭少儿抚养比与家庭老年抚养比的冲击程度存在差别，一部分家庭会倾向于加强家庭储蓄以满足子女教育、婚嫁及养老费用从而抑制消费，而另一部分家庭伴随其家庭成员中少儿及老年成员数量增多会选择扩张消费。第三，不同学者利用不同国家、地区数据研究了人口年龄结构对消费的影响，但研究结论尚未统一，作为测度人口年龄结构的主要指标，少儿抚养比和老年抚养比对消费的作用存在正向影响、负向影响和不显著等不同的结论。本书将视域聚焦于家庭微观层面，认为产生不同研究结论的原因之一是家庭人口年龄结构对消费的影响存在门限效应，具有非线性影响特征。例如当家庭成员中少儿人口与老年人口同时变化时，若以家庭中少儿人口与老年人口数量比例作为门限阈值，假设家庭少儿抚养比对消费作用为正向影响,家庭老年抚养比对消费作用为负向影响,当家庭中少儿人口数量占比低于门限阈值,家庭人口年龄结构对消费的作用体现为负向影响或不显著;当家庭中少儿人口数量占比高于门限阈值,家庭人口年龄结构对消费的作用体现为正向影响。第四,现有研究主要采用传统计量方法,对于异质性群体而言,传统计量方法不能很好地甄别家庭人口年龄结构对不同消费群体影响的主要因素,从而降低模型拟合结果准确性,而机器学习LASSO方法能够筛选出最重要的影响因素,提高估计结果的有效性及可信性。由此,基于上述分析,本书将利用机器学习的LASSO方法,从分布视角深入探索家庭微观个体内部年龄结构变化对居民消费的作用机制,从家庭人口结构变动角度出发,为新发展格局下释放有效内需提供启示。

4.3.1 模型设定及变量选取

(1)模型设定

本书设定基准回归模型为:

$$\ln\_dem_i = \beta_0 + \beta_1 kid\_p_i + \beta_2 old\_p_i + \beta_3 family_i + \beta_4 head_i + \varepsilon_i$$

(式 4.1)

其中,$\ln\_dem_i$ 为城镇家庭人均消费支出;kid_p_i 为城镇家庭少儿抚养比,old_p_i 为城镇家庭老年抚养比,代表家庭人口年龄结构信息;$family_i$ 为城镇家庭信息变量,包括家庭可支配收入($\ln\_income_i$)、家庭金融资产($\ln\_esset_i$)及家庭规模($familysize_i$);$head_i$ 为城镇家庭户主特征,包括户主婚姻状况($marriage_i$)、受教育年限(duy_i)、健康状况($health_i$)及工作性质(job_i);$\beta_i(i=1,\cdots,4)$表示解释变量参数,β_0 为截距项,ε_i 为随机干扰项。家庭人均消费、家庭可支配收入及家庭金融资产均作对数处理。

LASSO回归方法结合了机器学习和回归方法的优点,通过对待估参数 β_i 施加限制条件,仅筛选最具影响力的解释变量,使模型获得更好的估计效果,同时可以克服OLS回归模型的缺陷,避免过度拟合、多重共线性及模型稀疏性问题。LASSO方法能够推导出具有最少解释变量个数并拥有良好预测效果的目标函数模型:

第 4 章　数字经济与老年人消费

$$\min_{\beta_0,\beta}\left[\frac{1}{2n}\sum_{i=1}^{n}(\ln\_dem-\beta_0-(\mathrm{kid}\_p_i,\mathrm{old}\_p_i,\mathrm{family}_i,\mathrm{head}_i)^{\mathrm{T}}\beta)^2+\lambda\sum_{j=1}^{p}|\beta_j|\right]$$

(式 4.2)

此时，n 为观测样本量；β 代表回归过程中的待估参数；λ 为非负正则化参数，即惩罚系数。$\frac{1}{2n}\sum_{i=1}^{n}(\ln\_dem-\beta_0-(\mathrm{kid}\_p_i,\mathrm{old}\_p_i,\mathrm{family}_i,\mathrm{head}_i)^{\mathrm{T}}\beta)^2$ 表示该线性回归模型估计结果的预测误差，$\lambda\sum_{j=1}^{p}|\beta_j|$ 作为惩罚函数，用以排除解释能力较弱变量，使其系数 β_j 变为 0。若惩罚系数 λ 取值非常大，则所有解释变量参数均变为 0，通过逐渐减小 λ 的取值，部分参数将由 0 变为非 0 值。因此，通过对惩罚系数 λ 的调整，能够逐一筛选出非 0 值的参数，此时根据非 0 值参数出现的顺序，可对应选取出相对重要的解释变量保留在模型中，获得主要解释变量信息。

基于基准回归模型，将 LASSO 分位数回归模型设定为：

$$Q_\tau(\ln\_dem_i\mid x_i)=\beta_{0\tau}+\beta_{1\tau}\mathrm{kid}+p_i+\beta_{2\tau}\mathrm{old}\_p_i+\beta_{3\tau}\mathrm{family}_i+\beta_{4\tau}\mathrm{head}_i+\varepsilon_i$$

(式 4.3)

其中 $\tau\in[0,1]$ 为分位点，表示不同消费分位点受到少儿抚养比、老年抚养比、家庭信息及户主特征的影响情况，该影响随不同分位点变化而显现异质性特征。

在 τ 分位点处回归系数向量估计值可通过下式(4.4)得到：

$$\hat{\beta}_\tau=\mathrm{argmin}\left\{\sum_{i=1}^{n}p_\tau(\ln\_dem_i-(\mathrm{kid}\_p_i,\mathrm{old}\ p_i,\mathrm{family}_i,\mathrm{head}_i)^{\mathrm{T}}\beta_\tau)\right\}$$

(式 4.4)

LASSO 分位数回归通过在原目标函数基础上施加惩罚项，将部分变量系数压缩至 0，即对控制变量进行降维，在各分位点同时达到变量选择和参数估计的目的，避免过度拟合问题的出现。此时 LASSO 分位数回归参数估计值为：

$$\hat{\beta}_\tau^{Lasso}=\mathrm{argmin}\left\{\sum_{i=1}^{n}p_\tau(\ln\_dem_i-(\mathrm{kid}\_p_i,\mathrm{old}\_p_i,\mathrm{family}_i,\mathrm{head}_i)^{\mathrm{T}}\beta_\tau)+\lambda\left\{\sum_{j=1}^{p}\beta_{\tau j}\right\}\right\}$$

(式 4.5)

其中，λ 为惩罚系数，在变量选择时利用 AIC 准则进行确定，在各分位点排除解释能力较弱的变量。该方法能够在不同消费分位点筛选出该分位点显著的影响因素，揭示家庭特征对消费的分布影响规律，更为准确地分析家庭人口年龄结构对消费的分层影响规律。

为进一步检验家庭人口年龄结构对消费需求影响的门限效应，选取家庭中少儿人口与老年人口的比值为门限变量。构建门限回归模型如下：

$$\ln\_dem = \beta_0 + \beta_1 kid/old\_p_{it}(\ln\_dem_{it} \leq \gamma) + \beta_2 kid/old\_p_{it}$$
$$(\ln\_dem_{it} > \gamma) + \beta_3 Z_{it} + \delta_i + \varepsilon_{it} \quad (式4.6)$$

其中，$\ln\_dem$ 为家庭人均消费支出，kid/old_p_{it} 为家庭内部少儿人口与老年人口数量的比值，即设定的门限变量，Z_{it} 为家庭信息和户主特征等控制变量，γ 代表待估计的门限阈值。门限阈值的含义为：当 $\ln\_dem_{it} \leq \gamma$ 时，城镇人口年龄结构对居民消费需求的影响系数为 β_1；当 $\ln\_dem_{it} > \gamma$ 时，城镇家庭人口年龄结构对居民消费需求的影响系数为 β_2。若 $\beta_1 \neq \beta_2$ 时，说明家庭人口年龄结构对居民消费需求的影响存在非线性关系。双重门槛和三重门槛可通过上式拓展获得。

(2)变量选取

本书基于齐红倩和刘岩(2020)的研究，选取家庭人均消费支出作为被解释变量；对于家庭个体而言，家庭成员年龄结构占比对家庭消费需求的倾向不同，少儿人口和老年人口作为家庭中的纯消费者，其占比高低直接影响家庭最终消费，由此选取家庭少儿抚养比和家庭老年抚养比作为解释变量以衡量城镇家庭人口年龄结构的变化，其中家庭老年抚养比定义为家庭中 65 岁及以上家庭成员数量占 15~64 岁家庭成员数量的比率，家庭少儿抚养比定义为家庭中 14 岁及以下家庭成员数量占 15~64 岁家庭成员数量的比率；设定城镇家庭信息(家庭可支配收入、家庭金融资产及家庭规模)及户主特征(婚姻状况、受教育年限、健康情况及工作性质)作为控制变量，并对家庭人均消费、家庭可支配收入、家庭金融资产取对数形式进行平滑处理。根据 CFPS2018 数据，得到家庭人均消费支出对数($\ln\_dem$)、核心解释变量家庭老年抚养比(old_p)和家庭少儿抚养比(kid_p)，控制变量包括城镇家庭信息中家庭可

第4章 数字经济与老年人消费

支配收入（ln_income）、家庭金融资产拥有量（ln_asset）及家庭规模（familysize）；户主特征的婚姻状况（marriage$_i$）、受教育年限（eduy$_i$）、健康状况（health$_i$）及工作性质（job$_i$）的数据信息，如表4.2所示。

表4.2 变量描述性统计

变量	变量名称	观测值	平均值	标准差	最小值
ln_dem	家庭人均消费	12 711	9.539 0	0.801 0	4.787 0
old_p	家庭老年抚养比	11 842	20.536 0	41.926 0	0
kid_p	家庭少儿抚养比	11 842	34.490 0	44.869 0	0
ln_income	家庭可支配收入	12 694	10.219 0	0.802 0	6.775 0
ln_asset	金融资产	10 038	10.619 0	1.804 0	0
familysize	家庭规模	12 711	4.158 0	1.923 0	1
marriage	婚姻状况	9 155	2.048 0	0.817 0	1
eduy	户主受教育年限	12 711	11.748 0	3.970 0	0
health	健康状况	10 443	2.945 0	1.155 0	1
job	工作性质	7 028	0.204 0	0.403 0	0

表4.3 含有不同年龄人口城镇家庭比例

年龄	<=14岁	15~25岁	25~35岁	35~45岁	45~55岁	55~65岁	>65岁
家庭比例	3.44%	13.39%	23.69%	13.54%	15.95%	13.33%	15.30%

为分析城镇家庭人口年龄结构的整体趋势，采用CFPS2018数据计算出含有不同年龄人口家庭占比情况，结果如表4.3所示。根据比例计算结果发现调查样本家庭成员中含有14岁及以下少儿人口的城镇家庭比例最低，仅为3.44%；家庭成员中含有65岁以上老年人口的城镇家庭比例达到15.3%，仅次于包含15~25岁、45~55岁青壮年人口的家庭比例，证明当前我国城镇家庭存在"少子化""老龄化"的人口年龄结构特征。从家庭人口年龄结构上来看，含有14岁及以下年龄少儿的家庭和含有65岁以上老人的家庭消费更容易受到家庭人口年龄结构变动的冲击，而以劳动年龄人口为主的家庭短期内不会

数字经济与积极老龄化

因为人口年龄结构的改变而对其消费需求产生明显刺激。

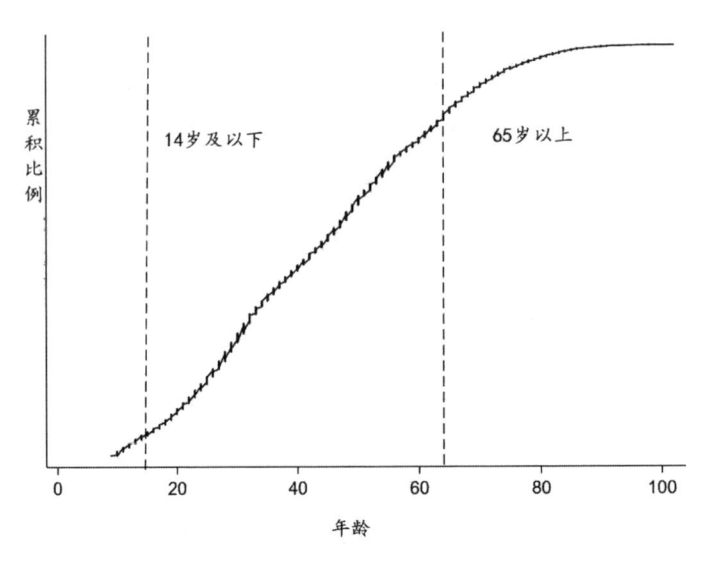

图 4.2 城镇家庭人口年龄累积分布

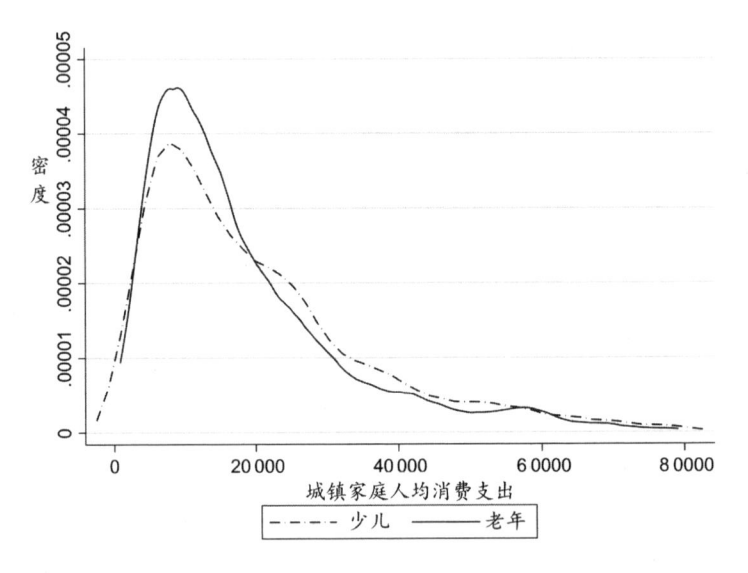

图 4.3 城镇家庭少儿及老年人口消费分布

图 4.3采用非参数核密度方法基于CFPS2018数据分别拟合城镇家庭老年人口和少儿人口消费支出的分布趋势。就分布形态而言，我国城镇家庭少儿消费支出和老人消费支出分布均呈正偏态分布的特征，表现出明显的"单峰

型"形态,说明中、低消费水平的城镇家庭占多数,而高消费支出的家庭占比相对较小。从分布形态对比来看,城镇少儿消费支出分布较老年消费支出分布更为离散且厚尾趋势突出,表明城镇家庭少儿人口消费差距较大且高水平少儿消费家庭比例较高,意味着城镇家庭倾向于对少儿人口的消费投资趋势更为明显。这与郝云飞和臧旭恒(2017)的研究结果相一致。由于家庭中少儿消费与老年消费数量具有竞争关系,在收入一定时,家庭决策会优先倾向于子女消费。由此对于不同消费层次城镇家庭而言,少儿人口引致的消费对其家庭消费决策影响更为显著。

4.3.2 实证分析及讨论

表 4.4 基准回归结果

变量	OLS 系数	标准误	OLS+稳健标准误 系数	稳健标准误	LASSO 回归 系数
kid_p	0.001 3***	0.000 2	0.001 3***	0.000 2	0.001 2
old_p	−0.000 2	0.000 2	−0.000 2	0.000 2	0
ln_income	0.638 2***	0.011 2	0.638 2***	0.017 5	0.638 3
ln_asset	0.036 9***	0.004 2	0.036 9***	0.005 1	0.036 2
$familysize$	−0.065 0***	0.004 5	−0.065 0***	0.005 3	−0.063 7
$marriage$	0.002 7	0.011 6	0.002 7	0.012 3	0
$eduy$	0.022 6***	0.002 1	0.022 6***	0.002 4	0.022 1
$health$	0.012 0*	0.011 6	0.012 0*	0.006 7	0
job	−0.168 2***	0.019 1	−0.168 2***	0.020 7	−0.164 4
$\_cons$	2.582 8***	0.114 4	2.582 8***	0.164 4	2.601 6

注:*、**、*** 分别表示在 10%、5%、1% 的水平下显著。

表 4.4 为城镇家庭人口年龄结构对消费需求影响的基准回归结果,具体分析了家庭人口年龄结构特征对消费的平均影响效应。根据 OLS 基准回归结果,显示城镇家庭人口结构中家庭少儿抚养比及对其消费存在正向影响,家庭少儿抚养比系数弹性为 0.001 3,表明伴随家庭少儿抚养比提升 1%,消费需求增加 0.13%;而家庭老年抚养比对消费需求影响并不显著。家庭老年抚

养比影响并不显著的主要原因,一方面在于含有老年人口的城镇家庭面临养老支出、医疗费用等风险较高,即使家庭成员中老年人口数量增长,消费意愿增强,但此类不确定性风险依旧令城镇家庭优先选择强化预防性储蓄,从而降低增强消费需求的意愿;另一方面原因在于老年人创造财富能力减弱,尽管对产品及服务具有一定需求,但仍会抑制需求而减少消费支出。

为检验回归结果稳健性,采用"OLS+稳健标准误"及LASSO方法再次进行回归,稳健性检验结果与基准回归结果一致,证明该实证结果稳健。通过LASSO回归对影响因素的不确定性干扰进行降维,即通过精炼模型将显著性较小或不显著变量回归系数压缩为0,从而进行变量选择,均值回归的变量选择结果意味着家庭少儿抚养比、家庭老年抚养比、家庭收入、资产、家庭规模、户主受教育水平及工作性质对家庭消费影响更为显著,而婚姻及户主健康程度对家庭消费作用较小,此方法同时进一步对参数予以了校准。能够发现,无论是OLS回归结果,还是LASSO均值回归结果,均证明"少子化"人口结构演变趋势是减少居民消费需求的主要原因,但"老龄化"程度增强对家庭消费的平均影响并不显著。

表4.5 LASSO分位数回归结果

变量	分位点			
	0.05	0.25	0.5	0.75
kid_p	0.002 2	0.001 7	0.001 4	0.000 5
old_p	−0.000 8	−0.000 5	0	0
ln_income	0.432 6	0.615 8	0.687 3	0.799 4
ln_asset	0.091 3	0.039 1	0.012 8	0
$familysize$	−0.102 2	−0.072 2	−0.059 8	−0.036 4
$marriage$	0	0.015 1	0	0
$eduy$	0.053 7	0.027 0	0.019 7	0.010 7
$health$	0	0.011 0	0.012 6	0.010 1
job	0	−0.183 2	−0.157 7	−0.089 3
$\_cons$	3.030 1	2.493 1	2.416 5	1.703 5

第4章 数字经济与老年人消费

表4.5分析了家庭人口年龄结构对不同消费层次家庭的影响,从LASSO分位数回归结果来看,随着消费分位点提高,家庭少儿抚养比及家庭老年抚养比的系数弹性均逐渐减小,说明城镇家庭人口年龄结构演变对低消费层次家庭的影响强于中、高消费水平的城镇家庭,且较家庭老年抚养比而言,家庭少儿抚养比变化对不同消费水平城镇家庭的影响更为显著。从以上分析能够发现,城镇家庭倾向于将少儿作为家庭消费的核心,尤其对于中、低消费水平组群而言,其将对子女的消费投入视为家庭人力资本投资,目的在于改善家庭未来的经济状况及社会地位。家庭老年抚养比对低消费水平(0.05分位点)、中低消费水平(0.25分位点)的城镇家庭消费具有显著的抑制作用,而对中等消费以上家庭影响并不显著。一方面原因在于拥有老年人口的家庭面临健康等方面的未来风险较高,导致低消费家庭偏好于减少消费支出,增加预防性储蓄;另一方面原因在于老年人口消费偏好以医疗健康、保健休闲的发展型消费为主,但由于崇尚勤俭节约的传统观念,中、高消费家庭的老年人在有限家庭资源条件下,不会随着家庭成员中老年人口比例的提升而相应增加发展型消费支出。

从家庭特征来看,对于不同消费层次的家庭,其消费主要影响因素略有差异,通过LASSO模型变量筛选结果来看,家庭可支配收入及家庭规模对消费的影响在不同分位点均显著,且影响程度伴随消费分位点增大而提升,家庭特征中家庭可支配收入影响逐渐增大,家庭规模影响逐渐降低。而家庭资产、户主受教育年限仅对中高以下消费群体的影响显著,户主健康水平及工作性质仅对中低到中高消费群体存在影响。

对比LASSO分位数回归结果与基准回归结果发现,基准回归结果仅考虑了家庭人口年龄结构对消费的平均影响,造成了估计偏差,忽略了家庭老年抚养比对消费的作用。而LASSO分位数回归结果详细考察了对消费分布的影响情况,能够发现家庭老年抚养比对低消费家庭具有负向作用,家庭少儿抚养比对最高消费层次之外的家庭均存在正向影响。伴随家庭内少儿及老年人口数量的共同改变,难以判断家庭人口年龄结构对消费的直接影响,因此需分析其非线性影响关系,以更为细致地识别家庭人口年龄结构对消费的影响机制。

表 4.6 城镇人口年龄结构门槛值

变量	门限次数	门限阈值	F 值	95%的置信区间	P 值（自举 300 次）
家庭年龄结构	单一门限	100%	12.789 0***	[100.0000, 200.0000]	0.0000

注：*、**、***分别表示在 10%、5%、1%的水平下显著。

为了探索门限影响机制，本章基于 Hansen 程序语言，采用连玉君 Crosstm 横截面门槛程序包结合 Stata15.0 运行数据，对家庭年龄结构对消费影响的非线性影响结果进行了检验，如表 4.6 所示。结果表明，门限估计值均在 95%置信区间内，且通过了 95%以上的置信水平一致性检验，说明估计值真实可靠。在此基础上，采用 Hansen Bootstrap（自举法）模拟出 P 值来检验门限值的显著性，以检验门限阈值的存在性及数量。发现家庭少儿人口与老年人口比值存在单一门限阈值，其门限阈值为 100%，意味着当城镇家庭 0~14 岁少儿人口占 65 岁及以上人口的比率达到 100%时，即数量持平时，家庭年龄结构对家庭消费需求的冲击程度增强。

表 4.7 门限回归结果

变量	LASSO 回归 <100%	LASSO 回归 >=100%	OLS+稳健标准误 <100%	OLS+稳健标准误 >=100%
Kid/old	0	0.192 4	0.124 6 (0.082 9)	0.198 0*** (0.035 1)
ln_income	0.677 4	0.550 8	0.674 4*** (0.031 3)	0.550 4*** (0.052 8)
ln_asset	0.043 8	0.074 5	0.051 9*** (0.011 0)	0.075 5*** (0.019 6)
familysize	0	−0.108 1	−0.034 4*** (0.012 4)	−0.110 8*** (0.019 2)
marriage	0.057 6	0	0.140 1*** (0.051 7)	−0.098 7 (0.063 0)

第4章 数字经济与老年人消费

续表

变量	LASSO回归		OLS+稳健标准误	
	<100%	>=100%	<100%	>=100%
eduy	0.019 0	0.028 5	0.027 4***	0.028 9***
			(0.005 0)	(0.010 4)
health	0	0.045 4	0.024 9	0.047 0**
			(0.016 8)	(0.020 8)
job	0.021 3	0	0.035 5***	0.021 9
			(0.010 8)	(0.013 8)
_cons	1.740 8	2.830 4	1.525 4***	2.826 5***
			(0.310 8)	(0.391 8)

注：*、**、***分别表示在10%、5%、1%的水平下显著，括号内为稳健标准误。

表4.7为城镇家庭年龄结构对消费影响的非线性回归结果，LASSO回归结果表明城镇家庭人口年龄结构对消费需求具有显著的非线性特征，当城镇家庭个体中14岁及以下年龄的少儿人口占65岁以上家庭成员比例未达到100%时，即家庭内少儿数量小于老年人口数量时，家庭人口年龄结构对家庭消费影响并不显著，只有当城镇家庭内少儿人口占老年人口比率达到100%，其对消费产生正向影响且作用效果显著。此时系数弹性为0.192 4，表示当城镇家庭成员中14岁及以下少儿人口占65岁以上家庭成员人口比例达到100%之后，少儿占老年人口比值继续提高1%，家庭消费需求将平均增加19.24%。同样，利用OLS+稳健标准误方法对LASSO回归进行稳健性检验，回归结果与LASSO回归结果基本一致，证明LASSO回归结果真实可靠。

研究城镇家庭内部人口年龄结构变化对城镇家庭最终消费需求的影响对新发展格局下扩大有效内需具有重要意义。本节基于家庭微观视角，利用微观家庭调查数据CFPS2018，采用机器学习的LASSO分位数回归及门限模型方法，就家庭人口年龄结构对消费需求影响机制进行了分析。实证结果表明：第一，家庭人口年龄结构对家庭消费具有显著影响，从均值影响关系来看，

家庭少儿抚养比的影响表现为正向效应，家庭老年抚养比的影响并不显著，表明对于城镇居民消费平均变化而言，当家庭内老年人口数量不变时，家庭内部人口中14岁及以下年龄少儿人口的增加对家庭消费需求具有促进作用。第二，从LASSO分位数回归结果来看，伴随消费分位点提高，家庭少儿抚养比和家庭老年抚养比的影响均逐渐减弱，说明家庭内部人口年龄结构的变化对中、低消费水平的城镇家庭影响更为显著，对高消费水平家庭不产生影响，同时识别出不同消费层次家庭的家庭及户主特征主要影响因素，家庭资产、户主受教育年限仅对中高以下消费群体的影响显著，而户主健康水平及工作性质仅对中低到中高消费群体存在影响。第三，以家庭内少儿人口占老年人口比例作为门限阈值进行门限回归，结果表明，家庭人口年龄结构消费需求具有非线性作用，非线性影响具体表现为当家庭中少儿占老年人口比例低于门限阈值100%时，即家庭成员中少儿人口数量小于老年人口数量时，即便14岁及以下年龄成员数量增多，家庭消费支出依然不能提高，只有家庭中少儿占老年人口比值突破门限阈值100%，即少儿数量与老年数量持平，才能有效促进家庭消费需求，否则不能释放家庭消费意愿，发挥潜在的需求潜力。

本章发现"少子化""老龄化"家庭人口年龄结构对城镇居民消费需求总量产生消极影响，尤其限制了占据消费市场主体的中、低消费需求，不利于新发展格局下扩大消费需求的目标。尽管家庭少儿抚养比提升对促进消费产生积极影响，但家庭人口结构中14岁及以下少儿人口数量小幅度提升并不能有效提升消费需求，只有当家庭成员中14岁及以下少儿与65岁以上老年人口数量持平后，家庭成员中少儿数量继续提升才能刺激家庭消费动机，发挥超大消费市场规模作用。因此，通过积极推动生育政策优化人口结构；完善养老保险体系，促进"银发消费市场"升级等措施，能够缓解人口结构变动对消费需求产生的负向影响，以有效扩大消费需求，推动新发展格局下经济高质量发展。本章将在此基础上进一步从数字技术应用探索促进老年消费、扩大"银发消费市场"的途径。

第4章 数字经济与老年人消费

4.4 数字技术应用对老年人消费作用的实证检验

4.4.1 数据来源与变量说明

首先,本书利用2014年、2016年及2018年中国家庭面板调查(CFPS)的数据,研究了"宽带中国"战略对家庭旅游支出的影响。CFPS数据集涵盖了中国25个省级行政区的样本,自2010年以来每两年跟踪一次个人、家庭和社区层面的数据。数据库的目标样本量为每年16 000户,样本内的所有家庭成员都被纳入调查对象。因此,该样本具有稳健性和代表性,并包括已实施"宽带中国"战略的地区。本书选择年龄在60岁及60岁以上户主的老年人家庭作为分析对象,去除异常值和极端值后,2014年、2016年及2018年的样本量分别为400户、683户及1 653户老年人家庭。

表4.8 描述性统计

变量名称	2014年 均值	2014年 标准差	2016年 均值	2016年 标准差	2018年 均值	2018年 标准差
被解释变量						
老年人家庭人均消费(对数)	10.15	0.83	10.15	0.77	10.12	0.78
解释变量						
互联网使用	0.13	0.33	0.25	0.43	0.30	0.46
数字鸿沟	10.39	1.71	9.30	2.99	9.19	2.82
DID	0	0	0.25	0.43	0.30	0.46
控制变量:家庭特征						
收入(对数)	10.79	1.01	11.08	0.91	11.20	0.97
家庭资产(对数)	12.94	1.59	13.19	1.61	13.56	1.43
家庭规模	2.60	1.30	3.58	1.88	3.87	1.99
子女数量	0.71	0.71	2.06	1.12	1.90	1.11
控制变量:老年人人口特征						

续表

变量名称	2014年 均值	2014年 标准差	2016年 均值	2016年 标准差	2018年 均值	2018年 标准差
年龄	66.91	6.20	67.01	5.94	67.55	5.94
性别	0.61	0.49	0.59	0.49	0.52	0.50
受教育程度	7.34	4.69	7.67	4.58	6.98	4.72
婚姻情况（有配偶=1，无配偶=0）	0.81	0.39	0.81	0.39	0.86	0.35
健康状况	3.31	1.09	3.40	1.07	3.37	1.28
中介变量						
信息渠道	1.46	1.03	1.83	1.34	2.05	1.45
便捷交易	0.04	0.31	0.12	0.67	0.29	1.01
社交网络	0.20	0.84	0.58	1.34	0.90	1.70
Obs.	400		683		1 653	

数据来源：CFPS数据2014、2016及2018年。

其次，本书使用"宽带中国"战略作为网络基础设施建设的实施政策。"宽带中国"战略是中国国务院于2013年提出的一项国家战略，目的为加强中国网络基础设施的建设。这一战略涵盖城乡网络基础设施规划，并选择了120个"宽带中国"示范城市（组）。网络基础设施建设完成后，该战略要求宽带网络全面服务城乡，固定宽带家庭普及率达到70%，行政村宽带接入比例超过98%。为了在农村地区实现渐进式互联网接入，宽带中国战略建立了促进农村网络设施和应用的有效机制。值得注意的是，2015年中国网络接入率达到95%，信息化参与度不断提高。因此，考虑到"宽带中国"战略实施的滞后效应和网络应用的实际情况，本研究选择2015年作为"宽带中国"战略实施的具体年份。在具体操作中，除将2015年设定为"宽带中国"战略实施年之外，将2014年设定为战略不干预预期，将2016年和2018年设定为政策干预预期。由于消费的一般单位为家庭，而"宽带中国"战略针对的是家庭，因此我们将老年人家庭的数据与个人数据结合起来。为了研究2015年政策全面实施后对

第4章　数字经济与老年人消费

老年人家庭消费的影响，本书排除了在2015年(政策全面实施之年)之前已经实施政策的地区的老年人家庭样本，以关注政策后的影响。由于所跟踪的家庭成员的变化(如户主死亡、离婚、成年子女搬离等)，家庭数量每年都有所不同。

表4.8为老年人家庭消费、解释变量(互联网使用、政策变量)、家庭特征及老年人户主个人特征的描述性统计信息，同时描述了中介变量信息渠道、便捷交易及社交网络的基本情况。排除异常值及极端数值之后，2014、2016及2018年三个调查期的样本量分别为400户、683户及1653户老年人家庭。

4.4.2　模型构建

(1)基准回归模型

基准回归模型构建如下：

$$\ln \text{Consumption}_{it} = \beta_0 + \beta_1 \text{ICT}_{it} + \sum_{i=1}^{N}\beta_j X_{it} + \lambda_i + \mu_t + \varepsilon_{it} \quad (式4.7)$$

被解释变量为$\ln \text{Consumption}_{it}$，代表第$t$年老年人家庭$i$的人均消费水平(含有生存型消费和发展及享受型消费)。ICT_{it}为核心解释变量，作为老年人ICT技术使用的虚拟变量；本节中根据问卷"是否使用电脑、手机或平板设备连接网络"以互联网使用与否作为ICT技术使用变量。如果老年人使用一个或多个这些设备访问互联网，则虚拟变量的值为1，否则为0。X_{it}是影响老年人消费的控制变量向量，包括家庭特征和人口信息。包括性别(gender)、年龄(age)、婚姻情况(marr)、受教育情况(edu y)、健康情况(health status)、家庭人口(familysize)、子女数量(children)、家庭资产(Net_asset)及收入金额(inc)等信息。β_1为解释变量参数估计值，表示互联网使用对老年人消费的影响；ε_{it}表示随机误差项。此模型还控制了省份及时间固定效应，分别为λ_i和μ_t。此外，老年人消费、家庭资产及收入做对数处理。

(2)数字鸿沟指标构建

数字鸿沟通常被定义为三个层次，即互联网的可及性、使用性及使用意识的差距(Van Dijk，2006；Shakina et al.，2021)，它被认为是一系列因素引起的多维现象(Bruno et al.，2011)。根据数据的可获得性，本书从网络连接(是否接入互联网)、网络使用频率(包括使用互联网学习、工作、社交、娱乐和商业相关活动的频率)和网络应用重要性(包括使用互联网学习、工作、社交、娱乐的重要性)3个维度的11个子指标量化"数字鸿沟"(即老年人群体中的数字鸿沟)。具体公式如下：

$$\text{Digap}_{it} = 10 \times \frac{\max(dd_j) - dd_{it}}{\max(dd_j) - \min(dd_j)} \quad (式4.8)$$

(4.8)式中 dd 为对这11个指标进行因子分析后得到的值，最大值为 $max(dd_j)$，最小值为 $min(dd_j)$。数字鸿沟衡量的是老年人的数字化水平与该群体中最大值的差异及群体之间最大差异的比例。

(3)政策评估模型

本章政策评估使用的主要方法是PSM-DID模型。该方法通过在处理组和对照组中使用相同或相似的观察变量匹配样本，有效地控制了由于横断面异质性引起的系统差异。因此，该模型可以更好地满足常见的趋势假设，减少估计偏差。本章采用PSM-DID方法，在未接受"宽带中国"政策的对照组中寻找一个受访者 j，使 j 与接受该政策的处理组老年人 i 的观测值尽可能相似。具体而言，对于每个接受该政策的老年人家庭，在对照组中发现具有相似倾向得分(即使用Logit模型估计的接受该政策的个人的概率拟合)的可比受试者进行两两对比分析。当老年人消费行为对其是否接受"宽带中国"政策的影响完全取决于可观察的控制变量时，老年人 j 和老年人 i 具有相似的接受该政策的概率，可以相互比较来估计"宽带中国"政策对老年人消费的净影响。

PSM-DID模型构建如下：

$$\ln \text{Consumption}_{it} = \beta_0' + \beta_1' \text{DID}_{it} + \sum_{i=1}^{N} \beta_j X_{it} + \lambda_i + \mu_t + \epsilon_{it}' \quad (式4.9)$$

其中，解释变量 DID_{it} 代表是否"宽带中国"政策的执行期。如模型(4.9)所示，$\ln \text{Consumption}_{it}$ 同样代表老年人家庭消费，X_{it} 为影响老年人消费的其他控制变量。β_1' 为政策变量对被解释变量影响的净效应。此模型还控制了省份及时间固定效应，分别为 λ_i 和 μ_t。

此外，基于PSM方法的Logit模型描述如下：

$$\text{Logit(Internet)} = \alpha_0 + \alpha_j Z_{it} + \gamma_{it} \quad (式4.10)$$

Internet为因变量，Z_{it} 为老年人可观测的匹配变量，包括老年人个人特征和家庭特征；γ_{it}代表随机扰动项。

4.4.3 实证结果分析

（1）基准回归结果

表4.9表述了个人互联网应用情况分别对老年人家庭总支出、基础型消费及发展和享受型消费的影响。基础型消费包括老年人家庭的衣食住行等消费；发展和享受型消费包含家庭的教育、娱乐、旅游等消费。通过结果可以发现，老年人个人的互联网使用对其消费具有正向的显著性影响。在控制户主人口学特征、家庭特征及省份、年份固定效应后，使用互联网的老年人具有较高的家庭总支出，且对基础型消费的影响超过对发展和享受型消费的影响，系数均在1%显著性水平下显著。

表4.9 基准回归结果

Variable	Ln consumption					
	家庭总支出		基础型消费		发展和享受型消费	
Internet	0.439***	0.136***	0.341***	0.190***	0.324***	0.173***
	(0.030)	(0.029)	(0.055)	(0.056)	(0.048)	(0.046)
ln inc		0.297***		0.333***		0.354***
		(0.031)		(0.045)		(0.039)
ln Net_asset		0.099***		0.178***		0.152***
		(0.013)		(0.025)		(0.018)
familysize		−0.162***		0.156***		0.158***
		(0.009)		(0.016)		(0.013)
children		−0.023*		−0.006		−0.033*
		(0.013)		(0.027)		(0.020)
Age		0.004*		−0.007*		0.008**
		(0.002)		(0.004)		(0.003)
Gender		−0.031		−0.057		−0.093**
		(0.025)		(0.049)		(0.039)
Eduy		0.016***		0.010		0.015***
		(0.003)		(0.006)		(0.005)

续表

Variable	Ln consumption					
	家庭总支出		基础型消费		发展和享受型消费	
Marr.	−0.111***		−0.163**		0.055	
	(0.037)		(0.072)		(0.059)	
Health Status	0.013		−0.015		0.046***	
	(0.010)		(0.018)		(0.017)	
省份固定效应	是	是	是	是	是	是
年份固定效应	是	是	是	是	是	是
Constant	10.590***	5.999***	8.794***	2.733***	10.231***	2.836***
	(0.084)	(0.290)	(0.195)	(0.529)	(0.117)	(0.433)

注：*、**、***分别表示在10％、5％、1％的水平下显著，括号内为稳健标准误。

从户主人口学特征来看，户主年龄、受教育程度及婚姻状况均作用于家庭总支出，较长年龄、较高受教育程度、无配偶的老年人，家庭总支出越高。对基础型消费、发展和享受型消费而言，较高年龄的老年人具有更低的基础型消费、更高的发展和享受型消费。婚姻状况仅对基础型消费存在影响，而性别、受教育年限及健康状况仅对发展和享受型消费存在影响。女性、受教育程度越高、健康状况越好的老年人，家庭拥有更高的发展和享受型消费。这与以往的研究结果相一致。

从家庭特征的影响而言，收入水平、家庭净资产、家庭规模及子女情况均影响家庭总支出，结果显示拥有更高收入和家庭净资产、较少的家庭人口数量和子女数量的老年人，家庭总支出越高，这与老年人对子女和家庭的代际支持有关。此外，收入对发展和享受型消费的影响程度越高，而家庭净资产对家庭基础型消费作用更为明显。家庭规模均正向影响老年人基础型消费、发展和享受型消费，而子女数量抑制了老年人的发展和享受型消费。

通过基准回归可以发现，从老年人对数字技术（互联网）使用的个体行为特征来看，掌握互联网技术的老年人将拥有更高的消费，意味着数字技术使用与老年人消费支出存在正向关联。此结果符合本书预期，即数字技术使用正向作用于老年人消费。

第4章 数字经济与老年人消费

(2)数字鸿沟影响的估计结果

表4.10给出了不同年龄群体消费受组内数字鸿沟的影响。其中,第1、3、5列为不控制个体特征的影响结果,第2、4、6列为控制了个体特征的作用结果。该结果表明不同年龄群体的消费支出均受到数字鸿沟的负面作用。并且能够发现随着年龄的降低,群体内的数字鸿沟对消费的影响程度越高。对于老年人群体而言,群体内的数字鸿沟造成消费2.9%的降低,且在1%水平下显著。此结果符合本书的预期,即数字鸿沟对老年人消费产生负面干扰。

表4.10 数字鸿沟估计结果

Variable	Ln consumption					
	年龄>=60		60>年龄>35		年龄<=35	
Digap.	−0.079***	−0.029***	−0.067***	−0.031***	−0.082***	−0.038***
	(0.006)	(0.006)	(0.004)	(0.004)	(0.008)	(0.008)
控制变量	否	是	否	是	否	是
省份固定效应	是	是	是	是	是	是
年份固定效应	是	是	是	是	是	是
Constant	10.779***	7.243***	10.55***	7.484***	10.929***	8.365***
	(0.151)	(0.315)	(0.102)	(0.230)	(0.109)	(0.230)
R^2	0.206	0.347	0.173	0.319	0.153	0.323

注:*、**、***分别表示在10%、5%、1%的水平下显著,括号内为稳健标准误。

(3)政策评估结果检验

接下来本节采用PSM-DID模型探讨了"宽带中国"战略对老年人消费的作用及影响渠道,以寻求数字经济背景下促进老年人消费福利的有效途径。

首先,由于在同一时间不可能观察到同一老年人家庭在享受该政策和未享受该政策之间的家庭消费支出差异。基于此,本节使用老年人家庭特征和户主人口统计信息作为匹配变量,使用PSM方法(K最近邻匹配法)以1∶1的比例匹配处理组数据和对照组数据。当PSM匹配的样本满足共同趋势假设时,能够排除由可观察变量引起的估计误差,从而能够继续对具有共同趋势的匹配样本进行差中差估计。因此,为了保证估计结果的可靠性和鲁棒性,

数字经济与积极老龄化

我们首先使用 PSM 方法进行匹配及估计,为 PSM-DID 回归结果的有效性提供证据。

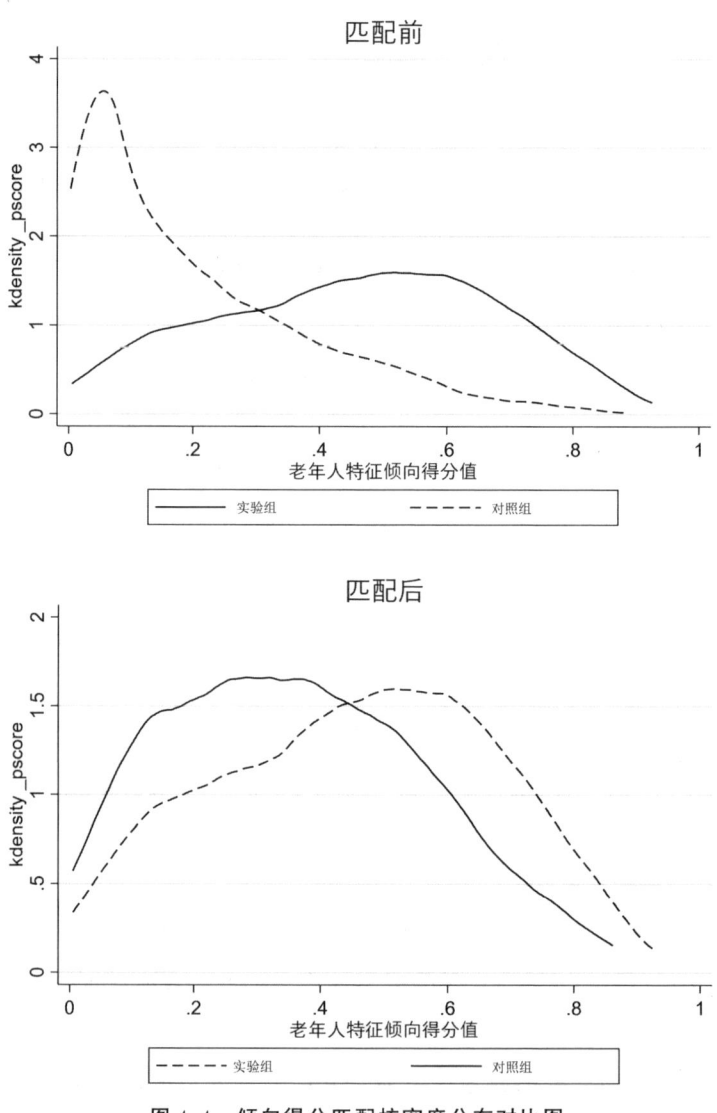

图 4.4 倾向得分匹配核密度分布对比图

图 4.4 倾向得分密度分布的重叠显示了匹配和未匹配样本中享受到"宽带中国"政策的老年人家庭与未享受该政策的老年人的匹配情况。结果显示匹配样本中未处理组和处理组之间的重叠分布在很大程度上得到了改善,这证实

第4章 数字经济与老年人消费

了匹配过程是成功的,并且显著减少了偏差。表 4.11 给出了 PSM 平衡检验结果变量的偏倚评分。与匹配前的数据相比,标准差的绝对值已经明显下降到 6% 以下,符合不超过 20% 的要求(Rosenbaum & Rubin,1983),控制组与对照组无系统差异。因此,匹配的样本满足随机分组的要求,意味着匹配是成功的。

表 4.11 倾向得分匹配平衡性检验

变量	Sample	均值 Treated	均值 Control	%Bias	T检验 T-statistic	$P>\|t\|$
$ln\ inc$	匹配前	11.462	11.016	51.0	11.20	0.000
	匹配后	11.45	11.448	0.1	0.03	0.975
ln Net_asset	匹配前	14.033	13.173	60.3	13.70	0.000
	匹配后	14.015	13.983	2.3	0.46	0.649
familysize	匹配前	3.164	3.770	−33.2	−7.29	0.000
	匹配后	3.167	3.070	5.3	1.15	0.249
children	匹配前	1.432	1.868	−41.1	−8.91	0.000
	匹配后	1.436	1.470	−3.2	−0.69	0.491
Age	匹配前	65.623	67.756	−39.5	−8.53	0.000
	匹配后	65.637	65.430	3.8	0.81	0.417
Gender	匹配前	0.570	0.535	12.4	2.85	0.004
	匹配后	0.594	0.575	3.7	0.70	0.485
Eduy	匹配前	10.328	6.167	101.4	22.30	0.000
	匹配后	10.284	10.128	3.8	0.80	0.422
Marr.	匹配前	0.891	0.827	18.6	4.08	0.000
	匹配后	0.893	0.899	−1.6	−0.35	0.729
Health Status	匹配前	3.314	3.385	−6.1	−1.36	0.172
	匹配后	3.312	3.331	−1.6	−0.32	0.747

表 4.12 给出了四种不同匹配方法对 PSM 处理效果的平均估计结果。本书采用的 K 最近邻匹配方法结果显示,平均处理效应值(ATT)的影响为 0.591,在 1% 水平下显著(t 值= 5.030)。这表明,通过 K 最近邻匹配方法,

数字经济与积极老龄化

与没有享受到"宽带中国"战略的老年人家庭相比,享受到"宽带中国"战略的老年人家庭消费总支出增加了 59.1%。通过使用 1-to-2 最近邻匹配(t 值 = 5.350,S.E. = 0.101)、半径匹配(t 值 = 5.710,S.E. = 0.091)及核匹配法(t 值 = 5.690,S.E. = 0.091)检验了 K 最近邻匹配方法的灵敏度,结果相一致。这些结果证明了 K 近邻匹配方法提供了稳健的结果,PSM-DID 估计结果是有效的。因此,本节适当地采用了匹配变量,为接下来的 DID 方法提供了一个有效样本,由此可以获得"宽带中国"政策对老年人消费影响的净效应。

表 4.12 倾向得分匹配估计结果

匹配方法	ATT 系数	T 值	S.E.
K 最近邻匹配法	0.110**	2.10	0.052
1-to-2 最近邻匹配法	0.106**	2.38	0.041
半径匹配法	0.104**	2.56	0.041
核匹配法	0.102**	2.51	0.041

注:*、**、*** 分别表示在 10%、5%、1% 的水平下显著。

表 4.13 结果为实施"宽带中国"战略对老年人消费影响的 DID 估计结果。列 1、3 及 5 分别显示了没有控制变量情况下该政策对老年人家庭总支出、基础型消费及发展和享受型消费的政策效果,而列 2、4 及 6 则给出了控制户主特征、家庭特征情况下的政策作用结果。所有结果均控制了省份和年份效应。DID 回归结果表明,政策的实施显著增加了老年人家庭总支出,同样对其中基础型消费具有更显著的作用。具体而言,根据 OLS 回归,该计划的实施使老年人每年人均家庭总支出增加了 13.4%(不含控制变量时为 50.5%)。其中,每年人均家庭基础型消费显著提高了 17.7%(不含控制变量时为 39.2%);每年人均家庭发展和享受型消费显著提高了 16.8%(不含控制变量时为 43.6%)。研究结果表明,"宽带中国"战略促进了享受到该政策的老年人家庭消费支出。因此,从宏观层面促进网络基础设施建设对提高老年人消费意愿和生活质量至关重要。

第4章 数字经济与老年人消费

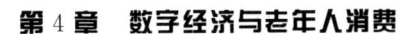

表 4.13 DID 回归结果

Variable	Ln consumption					
	家庭总支出		基础型消费		发展和享受型消费	
DID	0.505***	0.134***	0.392***	0.177***	0.436***	0.168***
	(0.032)	(0.028)	(0.056)	(0.057)	(0.048)	(0.045)
ln inc		0.339***		0.321***		0.377***
		(0.028)		(0.043)		(0.036)
ln Net_asset		0.100***		0.103***		0.146***
		(0.012)		(0.022)		(0.017)
familysize		−0.174***		0.154***		0.157***
		(0.009)		(0.015)		(0.012)
children		−0.018		−0.014		−0.027
		(0.011)		(0.025)		(0.018)
Age		0.002		−0.010**		0.008**
		(0.002)		(0.005)		(0.003)
Gender		−0.010		−0.502		−0.090**
		(0.024)		(0.051)		(0.038)
Eduy		0.014***		0.014**		0.015***
		(0.024)		(0.006)		(0.004)
Marr.		−0.119***		−0.168**		0.056
		(0.036)		(0.074)		(0.058)
Health Status		0.018*		−0.028		0.042**
		(0.010)		(0.018)		(0.017)
省份固定效应	是	是	是	是	是	是
年份固定效应	是	是	是	是	是	是
Constant	10.016***	5.467***	8.269***	3.652***	9.845***	2.483***
	(0.017)	(0.247)	(0.031)	(0.464)	(0.026)	(0.373)

注：*、**、***分别表示在10%、5%、1%的水平下显著，括号内为稳健标准误。

在家庭层面的控制变量中，家庭人均年收入和家庭净资产均显著刺激了老年人家庭消费总支出，而家庭规模却对其产生负面作用。就户主的人口特征而言，户主的受教育年限、婚姻状况和健康情况对家庭总支出存在影响。此外，女性和受教育水平越高的老年人更有可能倾向于发展和享受型消费，而越小年龄、受教育程度越高、无配偶的老年人倾向于基础型消费。

数字经济与积极老龄化

因此,基于PSM-DID模型的基准回归结果,能够得出结论——"宽带中国"战略显著提高了老年人的消费支出。

由于OLS模型回归存在的内生性,尽管本书使用PSM方法减轻了样本中自我选择问题引起的潜在估计偏差,但"宽带中国"战略的实施可能不是严格的外生的,会受到实施基础设施建设项目难度的影响。因此,政策实施地点的选择并非完全随机,这意味着"宽带中国"战略对老年人消费的影响可能仍然存在潜在的内生性问题。为了解决这一问题,本研究采用了工具变量(IV)方法来检验政策效应结果的稳健性。

表4.14 2SLS-DID回归结果

变量	家庭总支出 2SLS	家庭总支出 First-stage	基础型消费 2SLS	基础型消费 First-stage	发展和享受型消费 2SLS	发展和享受型消费 First-stage
DID	0.139** (0.055)		0.028* (0.114)		0.321*** (0.086)	
DID_gradient		0.491*** (0.015)		0.489*** (0.015)		0.491** (0.009)
gradient_2014		−0.092*** (0.015)		−0.092*** (0.015)		−0.092*** (0.015)
gradient_2016		−0.082*** (0.013)		−0.083*** (0.014)		−0.082*** (0.013)
gradient_2018		−0.074*** (0.009)		−0.074*** (0.009)		−0.075*** (0.009)
控制变量	是	是	是	是	是	是
省份固定效应	是	是	是	是	是	是
年份固定效应	是	是	是	是	是	是
Constant	5.468*** (0.201)	−0.190* (0.114)	3.667*** (0.419)	0.198*** (0.116)	2.538*** (0.315)	−0.186 (0.114)
F-statistics	205.33	152.37	60.57	150.67	148.66	152.39

注:(1)*、**、***分别表示在10%、5%、1%的水平下显著,括号内为稳健标准误;(2)控制变量包括年龄、性别、受教育年限、婚姻状况、健康状况、子女情况、收入、家庭规模及家庭资产。

第4章 数字经济与老年人消费

关于代表网络基础设施建设工程的工具变量，已有文献支持使用"坡度"作为基础设施的工具变量。例如，Duflo & Pande(2007)利用河流坡度作为大坝基础设施的工具变量。侯新烁和刘萍(2023)将地理坡度作为数字基础设施建设的工具变量，检验了对城市创新的政策影响。"坡度"作为选择的主要原因是其作为一个严格的外生地理变量，不会随时间变化，通常与经济和社会变量无关。此外，各省的地理坡度越高，网络基础设施工程的建设难度和成本都会提升，从而间接影响"宽带中国"基础设施(如宽带网络信号)的质量。因此，遵循侯新烁和刘萍(2023)的方法，本研究分别将地理坡度与DID和年份变量相乘，形成"宽带中国"战略的工具变量。估计结果如表4.14所示。

工具变量的两阶段最小二乘估计(IV-2SLS)结果表明，在1%的水平上，"宽带中国"战略仍然对老年人家庭总支出、基础型消费及发展和享受型消费的影响均显著为正。根据第一阶段回归的结果，地理坡度与DID变量之间的交互项估计系数均为正，地理坡度与年份变量之间的交互项估计系数均为负，且所有设置的联合F检验在1%的置信水平下都是显著的。同时，第一阶段估计结果的F值都在10以上，说明它们通过了工具变量检验，工具变量的选择是合理的。结合之前的政策效应基准回归结果，"宽带中国"战略促进了老年人消费支出的核心发现可以被认为是可靠的。

根据前面的分析，"宽带中国"的数字基础设施建设政策对老年人消费支出的影响主要体现在其获取信息的渠道增加、其交易的便捷性提高及老年人社交网络的拓宽。表4.15报告了DID变量对三种作用渠道的影响。

通过表4.15可以发现，"宽带中国"战略对与老年人数字素养相关的信息渠道、便捷交易及社交网络均存在正向促进作用，工具变量法回归结果表明其影响系数分别为1.886、0.7及2.683，均在1%水平下显著。这意味着信息渠道、便捷交易及社会网络均是数字基础设施作用于老年人消费的重要渠道。值得注意的是，对比便捷交易渠道，数字基础设施建设对老年人信息渠道拓宽和社会网络增加的影响程度更高。"婴儿潮"时代出生的老年人更容易

数字经济与积极老龄化

受群体组织的观念影响，互联网作为一种新的社交媒体也为老年人之间的群体互动提供了有效的手段，因此信息渠道和社交网络增加，能够提高老年人的消费。

表 4.15 机制分析回归结果

变量	信息渠道 OLS	信息渠道 2SLS	便捷交易 OLS	便捷交易 2SLS	社交网络 OLS	社交网络 2SLS
DID	1.865***	1.886***	0.747***	0.700***	2.702***	2.683***
	(0.064)	(0.099)	(0.058)	(0.073)	(0.076)	(0.090)
控制变量	是	是	是	是	是	是
省份固定效应	是	是	是	是	是	是
时间固定效应	是	是	是	是	是	是
R^2	0.420	0.410	0.201	0.184	0.616	0.607

注：(1) *、**、*** 分别表示在10%、5%、1%的水平下显著，括号内为稳健标准误；(2) 控制变量包括年龄、性别、受教育年限、婚姻状况、健康状况、子女情况、收入、家庭规模及家庭资产；(3) 信息渠道、便捷交易及社会网络2SLS回归第一阶段的F值均为152.39，均通过了弱工具变量检验。

(4) 异质性分析

本小节分析"宽带中国"战略的实施对不同区域和不同消费水平老年人的影响，从而进行该项政策效果的异质性分析。政策效果的区域异质性影响结果如表 4.16、表 4.17 及表 4.18 所示，在不同消费水平下的异质性影响结果如表 4.19、表 4.20 及表 4.21 所示。

根据表 4.16、表 4.17 及表 4.18，分别表明了"宽带中国"的数字基础设施建设对不同区域老年人家庭总支出、基础型消费及发展和享受型消费的作用。结果显示，该政策对老年人家庭支出的促进作用在东部、西部及东北部地区显著，在中部地区不显著。

第4章 数字经济与老年人消费

表4.16 分区域回归结果

变量	家庭总支出			
	东部	中部	西部	东北部
DID	0.140***	0.073	0.158**	0.171***
	(0.043)	(0.060)	(0.074)	(0.065)
控制变量	是	是	是	是
年份固定效应	是	是	是	是
Constant	−8.434***	−7.446***	−4.678***	−8.664***
	(0.657)	(0.702)	(0.541)	(0.849)
Obs.	1220	561	510	418

注：(1)*、**、***分别表示在10%、5%、1%的水平下显著，括号内为稳健标准误；(2)控制变量包括年龄、性别、受教育年限、婚姻状况、健康状况、子女情况、收入、家庭规模及家庭资产。

表4.17 分区域回归结果

变量	基础型消费			
	东部	中部	西部	东北部
DID	0.169*	0.119	−0.010	0.317***
	(0.091)	(0.116)	(0.144)	(0.109)
控制变量	是	是	是	是
年份固定效应	是	是	是	是
Constant	3.022***	3.489***	2.680**	0.471
	(0.823)	(0.968)	(1.053)	(1.226)
Obs.	1198	551	506	404

注：(1)*、**、***分别表示在10%、5%、1%的水平下显著，括号内为稳健标准误；(2)控制变量包括年龄、性别、受教育年限、婚姻状况、健康状况、子女情况、收入、家庭规模及家庭资产。

从不同类型的消费来看，数字基础设施建设对东部和东北部老年人的基础型消费及发展和享受型消费均产生正向影响，但仅对西部老年人的发展和享受型消费产生影响。对此的一种解释可能是，中国各地区经济和信息通信技术的发展存在长期的不平衡(刘震和杨勇，2022)，西部的信息技术获取相

数字经济与积极老龄化

对滞后，且老年人的流动性有限，这对获取商品和服务的信息造成了障碍。网络基础设施的建设弥补了信息不对称给老年人消费带来的不足，同时加深了老年人之间的社会联动，因此西部地区老年人对发展和享受型消费更有意愿。而对于东部和东北地区老年人而言，数字基础设施建设更能提高他们的基础型消费支出，这与商品信息的拓宽有关。

表 4.18 分区域回归结果

变量	发展和享受型消费			
	东部	中部	西部	东北部
DID	0.134**	0.034	0.337***	0.257**
	(0.068)	(0.088)	(0.111)	(0.115)
控制变量	是	是	是	是
年份固定效应	是	是	是	是
Constant	2.949***	0.146	2.723***	2.500**
	(0.636)	(0.801)	(0.780)	(1.110)
Obs.	1 220	563	510	418

注：(1)*、**、***分别表示在10%、5%、1%的水平下显著，括号内为稳健标准误；(2)控制变量包括年龄、性别、受教育年限、婚姻状况、健康状况、子女情况、收入、家庭规模及家庭资产。

表 4.19 分位点回归结果

变量	家庭总支出			
	0.25	0.5	0.75	0.9
DID	0.145***	0.162***	0.130***	0.109*
	(0.033)	(0.033)	(0.037)	(0.058)
控制变量	是	是	是	是
省份固定效应	是	是	是	是
年份固定效应	是	是	是	是
Constant	4.506***	4.916***	6.251***	6.816***
	(0.224)	(0.222)	(0.251)	(0.394)

注：(1)*、**、***分别表示在10%、5%、1%的水平下显著，括号内为稳健标准误；(2)控制变量包括年龄、性别、受教育年限、婚姻状况、健康状况、子女情况、收入、家庭规模及家庭资产。

第4章 数字经济与老年人消费

表4.19、表4.20及表4.21显示了"宽带中国"战略的数字基础设施建设对不同消费水平老年人的作用效果。本节将老年人消费按照0.25、0.5、0.75及0.9分位点分别代表低水平、中等水平、中高水平及高水平的消费层次。对比发现,在不同消费水平下,"宽带中国"战略的政策效果呈现倒"U"型特征。数字基础设施的建设对0.5分位点下(即中等消费水平)的老年人影响程度最高,其次是0.25分位点的低消费水平老年人和0.75分位点的中高消费老年人,而对高消费水平老年人的影响程度最低。以上回归均控制了老年人个体和家庭特征,以及省份和年份固定效应。

表4.20和表4.21分别报告了数字基础设施建设对不同消费层次老年人的基础型消费、发展和享受型消费的作用。就基础型消费而言,并未呈现一定规律,该政策对低分位点和中高分位点老年人的影响程度最高,对0.5分位点的老年人基础型消费影响不显著。从发展和享受型消费来看,对中等和中高消费水平的老年人影响程度最高,而对高消费水平老年人影响不显著。这意味着对于中等消费层次的老年人来说,数字基础设施建设更能提高其发展和享受型消费类型。

表4.20 分位点回归结果

变量	基础型消费			
	0.25	0.5	0.75	0.9
DID	0.166**	0.083	0.155**	0.306*
	(0.067)	(0.056)	(0.077)	(0.178)
控制变量	是	是	是	是
省份固定效应	是	是	是	是
年份固定效应	是	是	是	是
Constant	2.528***	4.103***	4.671***	5.306***
	(0.463)	(0.385)	(0.531)	(1.222)

注:(1)*、**、***分别表示在10%、5%、1%的水平下显著,括号内为稳健标准误;(2)控制变量包括年龄、性别、受教育年限、婚姻状况、健康状况、子女情况、收入、家庭规模及家庭资产。

表 4.21 分位点回归结果

变量	发展和享受型消费			
	0.25	0.5	0.75	0.9
DID	0.134**	0.174***	0.175***	0.062
	(0.061)	(0.053)	(0.056)	(0.086)
控制变量	是	是	是	是
省份固定效应	是	是	是	是
年份固定效应	是	是	是	是
Constant	1.074**	2.741***	3.442***	4.428***
	(0.419)	(0.364)	(0.382)	(0.588)

注：(1) *、**、*** 分别表示在 10%、5%、1% 的水平下显著，括号内为稳健标准误；(2) 控制变量包括年龄、性别、受教育年限、婚姻状况、健康状况、子女情况、收入、家庭规模及家庭资产。

4.5 本章小结

本章主要分析了数字经济与老年人消费的关联。一方面数字经济的发展为促进老年人消费、改善老年人消费结构，及解决"退休消费之谜"带来的消费支出减少问题带来了新的机遇；另一方面数字鸿沟构成的新一轮社会福利不平等及信息不对称等问题会抑制老年人消费支出。由此，数字经济背景下如何促进老年人消费支出，弥补数字鸿沟带来的消费需求损失，对数字经济背景下积极老龄化社会的构建具有重要意义。

本章主要划分为两部分内容，第一部分是从理论、文献及数据分析、回归描述了数字经济背景下老年人消费支出的情况；第二部分是实证分析内容，从家庭人口年龄结构对消费需求的影响、个体层面的互联网使用对老年人消费的作用、数字鸿沟对老年人消费的影响分析了数字参与对老年人消费的综合作用，进而通过"宽带中国"的数字基础设施建设对老年人消费影响的政策效果及作用机制，探索数字经济背景下改善老年人消费现状的有效途径。

本章主要结果如下：第一，尽管老年群体蕴含庞大的"银发市场"潜力，但目前并未完全释放，其证据之一是"少子化""老龄化"的家庭人口年龄结构

第4章 数字经济与老年人消费

对城镇居民消费需求总量产生消极影响,尤其限制了占据消费市场主体的中、低消费需求,不利于新发展格局下扩大消费需求的目标。尽管家庭少儿抚养比提升对促进消费产生积极影响,但家庭人口结构中14岁及以下少儿人口数量小幅度提升并不能有效提升消费需求,只有当家庭成员中14岁及以下少儿与65岁以上老年人口数量持平后,家庭成员中少儿数量继续提升才能刺激家庭消费动机,发挥超大消费市场规模作用。第二,从数字技术应用对老年人消费作用来看,掌握互联网等数字技术的老年人拥有更高的消费支出,但老年人群体内的数字鸿沟抑制了老年人的消费。现阶段数字技术应用对老年人基础型消费的影响程度更强,体现了老年人相对保守的消费观念,促进老年人消费结构的升级成为积极老龄化的重要任务之一。第三,从"宽带中国"战略的数字基础设施建设对老年人消费作用的政策效果来看,数字基础设施能够有效促进老年人消费支出,享受到"宽带中国"战略的老年人拥有更高的消费支出,经过稳健性检验后该结果依旧成立。从异质性影响来看,该政策尤其对东部和东北部老年人作用效果最强。就不同消费层次异质性影响结果而言,"宽带中国"政策对中等及中高消费层次老年人发展和享受型消费具有更明显的作用,意味着中等消费层次的老年人是数字经济背景下发展和享受型消费的主体。此外,实证结果证实了数字基础设施建设带来的与老年人数字素养相关的信息渠道拓宽、便捷交易及社交网络增强是"宽带中国"政策作用于老年人消费的主要渠道,其中数字基础设施建设带来的信息渠道和社交网络作用更为明显。

本章研究具有两种路径启示。第一,促进老年人消费支出需要完善各地区的网络基础设施建设,减少数字经济带来的数字鸿沟的负面影响。具体而言,尽管信息通信技术已经深入到社会经济活动中,但数字鸿沟阻碍了未获得数字技术的老年人平等使用信息通信技术的机会。虽然这些地区的老年人拥有一定的物质基础和消费意愿,但商品市场信息获取的不对称性和不便利性阻碍了老年人交易的通畅性,不利于数字包容型及积极老龄化的社会构建。

第二,老年人数字素养,也就是识别和使用数字技术的能力对老年人消费至关重要,例如如何搜索在线信息、如何进行在线支付及如何通过信息技术增加社交频率。虽然互联网技术已经存在了几十年,但由于数字鸿沟导致的互联网知识的缺乏,给老年人的数字技术使用带来了压力。在这种情况下,老年人实际的消费行为与他们潜在的消费意愿完全脱节,这种脱节抑制了其消费支出。因此,提高老年人数字素养和加强网络基础设施建设对于数字经济背景下促进老年人消费同样重要。

  由于数据限制和使用的方法,本章的研究有以下局限性。首先,由于调查数据的时间限制("宽带中国"政策实施前后的有效数据仅有 2014、2016 及 2018 年,2020 年由于新冠肺炎疫情影响消费数据异常),因此本章只考察了网络基础设施建设对老年人消费的短期影响,并没有继续使用平行趋势检验和安慰剂效应检验对 PSM-DID 模型进行稳健性检验。此外,考虑到政策实施的滞后效应,本章研究没有使用交错 DID 模型来分析"宽带中国"战略的影响,而是选择 2015 年作为政策实施年,2015 年互联网接入率达到了 95%。在未来的研究中,随着能够获取的数据更多,本研究将继续探索数字经济背景下促进老年人消费升级的长期有效途径。

第5章

数字经济与老年人健康

数字经济与积极老龄化

党的二十大报告明确指出："人民健康是民族昌盛和国家富强的重要标志。"人口年龄结构转变，生育率的下降及预期寿命的延长，使得我国老龄化程度加深，老年人的健康问题引起愈加广泛的关注。相较其他群体，老年人对医疗服务和公共养老金政策的依赖性更强，其健康及养老问题不仅会对国家医疗服务和社会保障制度产生冲击，同时会给公共财政政策带来挑战。

数字技术在社会中日益普及和融合。通过互联网这一媒介，使用者可以获得越来越多的信息、商品、服务、娱乐/休闲、教育和社交网络机会。对于那些选择并能够获得这些机会的人来说，可以为其带来一系列社会效益和经济效益，并有助于提高他们的生活质量。近几十年来的人口变化给政府和社会带来了重大挑战，数字技术和基于互联网的服务被视为在与老龄人口健康相关的问题方面发挥着重要作用。研究表明，对于老年人来说，互联网等数字技术应用可以成为其强大的辅助技术，帮助他们在健康状况下降或能力有限的情况下保持独立、社会联系和价值感，同时也提供了新的机会来提高其生活质量。相反，老年人由于贫穷、孤独和健康状况不佳等因素，在社会中已经面临更大的被排斥的风险，如果他们无法获得越来越多通过互联网提供的机会和服务，就可能面临新的社会排斥形式。

本章通过分析数字技术使用对老年人健康的影响，以及重大公共健康危机事件下互联网等数字技术对老年人心理健康影响，验证了数字经济与老年人口健康福利的关联，以提出数字经济时代下改善和优化老年人心理健康状态的政策建议，有助于促进健康老龄化、积极老龄化社会的构建。

5.1 老年人健康的定义和概念

"健康老龄化"的概念由世界卫生组织（WHO）于1990年首次提出，其目的是想寻求促进老年群体的身心健康状态、发挥其社会功能的保障。伴随老年人口数量不断提升，人口结构向老龄化转变，又提出了"积极老龄化"概念。"积极老龄化"内涵更为广泛，其目标在于提高老年群体的生活质量，降低养老成本的同时进一步提高老人健康水平，全面实现"老有所养、老有所医、老有所为、老有所学、老有所教、老有所乐"。可以发现，不论是"健康老龄化"，还是"积极老龄化"，均将老年人健康作为衡量老年人幸福感和获得感的重要指标。

第 5 章　数字经济与老年人健康

老年人健康主要分为生理健康与心理健康两个维度。生理健康主要指躯体健康，可通过日常生活自理能力进行判断，即包括进食、穿衣、沐浴、如厕、室内活动等基本生活能力。随着社会观念的改变，健康内涵不断变化更新。世卫组织于 1946 年提出，健康不应只以生理健康予以评价，应当融合心理与社会关系多项内容。由此，世卫组织于 1984 年将健康定义为人类生活重要的资源，在躯体健康基础上强调了其作为个人和社会"资源"的重要性。伴随人口老龄化发展趋势，学界开始关注老年人心理健康问题，但多集中于医学及心理学角度，目前社会学领域对老年人心理健康的研究仍处于初步探索阶段。

老年人生理健康与心理健康情况既彼此独立，同时两者又具有相互影响的关系。由于老年人属于社会弱势群体，其自身身体、心理状态均出现衰退。随着医疗卫生水平和健康意识的不断增强，对健康的评价更为全面化，不仅需要评估老年人躯体的生理健康状况，而且需要探求其心理状态。

5.2　老年人心理健康研究背景及问题

"心理健康"最早于 1946 年被国际心理卫生大会定义为"与其他人心理状态共处和谐的情况下，自身情绪心境处于积极的状态"。而世界卫生组织将其定义为"一种幸福的状态"，个体在这种状态中能够意识到自身的能力，应对正常的生活压力、完成工作，并且对社区做出贡献。关于心理健康的研究标准常常体现在多个层面，一是个体心理机能的发展，二是个体心理对外界的适应情况，三是个体心理机能与外界适应度的协调性（李敬强和赵宁，2015）。本节将分别从国内外心理健康影响因素研究进展、重大突发事件对老年人心理健康的影响、老年人心理健康研究现状，以及数字技术应用与老年人心理健康关系几个方面逐一阐述。

5.2.1　老年人心理健康影响因素

(1) 国外研究进展

国外关于老年人心理健康的系统研究最早产生于"二战"后，早期研究主要着重于老年人对社会适应的程度，此阶段对老年人心理健康的判别标准仅为是否具有良好的社会适应能力，然而这种判别标准过于片面，忽略了个体主观感知状况。20 世纪 50 年代末起，开始从提高主观幸福感出发探讨改善老

年人的心理健康的途径，此时期具有代表性的研究有 Jahoda(1958)提出的"积极心理健康理论"及 Schultz(1977)提出的"个体成长观"。在此基础上，后期的研究主要从影响因素对老年人心理健康问题予以分析，此类研究认为年龄、性别、受教育程度及生理机能等个体特征(Bosworth et al.，1999；Tiemier et al.，2005；Esmayel et al.，2013)，婚姻关系等家庭特征(Myer et al.，2008)，以及社会参与程度(Shoskes & Glenwick，1987)均会显著影响老年人心理健康情况。

在个体特征方面，Bernhard(2007)认为性别会导致老年人心理健康状态的差异，研究发现男性老年人的心理健康状态比女性老年人更好，部分原因在于家庭中老年女性承担了更多的家务劳动，带来更大的心理压力。在年龄方面，Aldwin(2001)研究发现随着年龄增长，老年人的生理机能、认知水平均衰退，与人交往和自理能力不断下降，加之外界负面生活事件的影响，使得老年人对其他人的依赖性增强，由此高龄老年人的心理健康水平显著低于中低龄的老年人，容易发生心理调适失当的问题。此外，个体特征中经济状况对老年人心理状态同样具有一定程度的作用，Blanchflower(2004)认为收入水平较高的老年人具有更良好稳定的心理状态。然而 Willits & Crider(1988)通过研究发现收入提升对经济较差的老年人心理健康状态优化具有积极作用，基本生活需要满足之后，经济状况好转不会对其心理健康状态优化起到持续性作用。从自身健康情况来看，Ichimori 等(2015)通过老年抑郁量表(GDS-15)评估研究发现，老年人睡眠质量对抑郁症具有显著影响，睡眠具有障碍的老年人抑郁症患病风险程度高于无睡眠障碍的老年人。Parchman(2002)认为老年人自身健康管理越好，心理健康状态越稳定，意味着有效的自我健康管理不仅仅是对生理健康进行管理，健康的生活、行为方式同时有助于情绪调节，使心理保持愉悦状态。

关于家庭特征的作用，主要围绕老年人的婚姻状况、居住方式、家庭关系等维度展开。在婚姻状况对老年人心理健康影响方面，Barron 和 Foxall(1994)研究了婚姻状况与孤独感的关系，研究结果表明非独居的老年人孤独感显著低于独居老人，由于非独居老年人家庭拥有家庭温暖和成员交流，这些将有效减少老年人的孤独感。而 Adams(1997)认为婚姻状况、家庭关系作为一种积极的支持性资源能够增强老年人个体心理弹性，同时能够减轻心理健康阻碍因素带来的压力。完整的家庭对老年人心理健康具有积极支持作用，丧偶作为老年人经历的最严重的负面事件会带给其非常消极的影响。Burkanuser和Duncan(1991)通过研究发现，丧偶对于老年人而言不仅仅代表失去最佳家庭照料资源，同时将伴随老年人家庭经济水平的恶化，同样对老年人精神和心理健康状况产生负向冲击。从性别差异来看，Umberson(1992)认为婚姻对老年男性的保护主要是通过配偶提供的情感支持和日常生活照料实现，老年女性则主要是通过配偶提供的心理慰藉及经济支持实现。在居住方式及家庭关系方面，Kendig(1992)研究揭示了有关居住方式、子女赡养行为对老年人的作用机制，研究发现与子女同住的老年人日常能够享受到更多的家庭照料，并且能够获得更多的经济和情感支持，令心理健康状态改善优化。Sereny(2011)通过自评心理健康测度发现，共同居住能够显著降低老年人心理健康消极变化的风险。Morris(2011)通过研究得到家庭关系或相互依存的关系正向影响与老年人生活满意度水平的结论。

在社会支持方面，一般认为社会支持是指特定的社会网络通过物质、精神的手段为老年人提供的照顾和帮助，由此通过社会支持能够提升老年人的心理健康状态水平。Gonzalez(2000)研究发现，社会支持程度越高，老年人心理健康情况越为良好。一方面，老年人心理健康受社会支持的直接影响，Berkman和Syme(1979)认为积极的支持能够使老年人产生良好的情绪体验，维持积极稳定的心理状态；另一方面，老年人心理健康受社会支持的间接影响，Cohen(1985)发现当老年人遇到应激事件时，社会支持是老年人求助渠道之一，能够调节老年人面对应激事件时的心理状态，起到缓冲作用。

(2) 国内研究进展

国内关于老年人心理健康问题的研究，相比于西方起步较晚，主要偏重于个体特征、家庭特征及社会参与程度三方面的影响。在影响因素方面，个体特征的研究发现，收入较高的男性在"认知水平""情感"方面得分水平高于其他老年人(王建英等，2005)，而女性老年人对于"压力""负面事件"忍耐程度更高(胡宏伟等，2011)。陈庆荣、傅宏(2017)应用症状量表SCL-90发现，更低的受教育水平、低收入的女性老年人心理健康状况更欠佳。关于受教育程度因素方面，陈天勇等(2003)发现高学历老年人心理健康状况显著优于其他老年人的心理健康状况，并且由年龄、性别、家庭结构等导致的差异显著

减弱。

在家庭特征方面,主要围绕探讨婚姻情况、代际支持及社会参与程度的影响进行。从家庭结构关系来看,家庭结构对老年人心理健康存在影响,家庭结构优化能够使老年人获得家庭成员的经济支持、日常照顾和精神慰藉,从而正向影响老年人的心理健康状况(李冰水等,2013)。对于婚姻情况而言,一般研究认为婚姻对老年人心理健康具有显著影响,无配偶老年人的孤独感和寂寞感明显高于有配偶老年人(杨明,2011)。栾文敬等(2012)根据自评心理健康研究得出家庭关系较好的城镇老年人心理健康要显著比家庭关系较差的农村老年人更好。李建新和张风雨(1997)研究认为拥有配偶陪伴对老年人的身心健康产生积极的作用,夫妇双方通过互相的照料获得一定程度物质、精神的满足。陈嘉贤(2004)通过对澳门老年人的研究认为,配偶在对老年人经济支持、精神慰藉和日常生活照顾方面均体现出独一无二、无可替代的作用,丧偶会降低老年人生活幸福感,进一步恶化其心理健康状况。方菲(2003)研究发现独居的老年人由于缺乏情感交流对象,无法诉说心事获得帮助,因而具有较为强烈的孤独感,尤其伴随年龄逐渐增大,生活自理能力减弱而处于无助状态,更容易损害独居老人的心理健康状况。

而代际支持、共同居住对老年人心理健康具有积极影响。孙鹃娟、冀云(2017)利用抑郁量表(CES-D)测量发现,老年人通过给予子女物质及劳动支持能够改善其心理健康水平,同时子女的情感支持能够一定程度弱化老年人的负面情绪。刘爱玉、杨善华(2000)通过对老年人家庭支持的研究发现,子女数量对老年人健康情况存在影响,子女较少的老年人在料理家务、财物支持方面对亲戚、朋友及政府的依赖性将增强,在情感支持方面对配偶的感情慰藉需求相对较高。该研究同时提出,由于老年人自身情况的差异,使得其从子女处获得不同的代际支持,例如年老体弱的老年人得到子女或其他家庭成员对其身体的照料以及日常家务方面的支持,而经济状况欠佳、缺乏养老保障的老年人能够从子女处获得相应的经济物质方面的代际支持。就老年人居住方式而言,鄢盛明等(2001)提出,与子女同住的居住安排有助于老年人获得子女更多的日常家务等活动的照料,并且使得彼此获得更多的物质、经济支持。与子女分开居住的居住方式在一定程度上削弱了老年人获得的代际支持,从子女处获得的日常生活照料、经济赡养及情感支持减少。

第5章 数字经济与老年人健康

就社会参与而言，社会支持的多元化、异型性程度越高，老年人的生活质量主观评价越高(许传新和陈国华，2004)，且积极参与社交类活动有助于提升老年人的幸福感(丁志宏，2018)。王佳(2010)认为休闲活动对于老年人主观的生活质量具有显著提高作用。张镇等(2012)发现，社会参与度是提高离退休人员生活满意度及主观幸福感的重要原因。丁志宏(2018)通过简易认知能力量表(MMSE)和日常活动能力量表(ADL)进行测量发现，参加社交类活动对高龄老年人的心理健康有积极的作用。

5.2.2 重大突发事件对老年人心理健康的影响

以往国外研究表明由于老年人对心理创伤更为敏感，重大突发事件期间所承受的压力会唤起老年人过去创伤经历的记忆，从而于这段时期之后恶化老年人的健康状态(Solomon & Prager，1992；Yehuda et al.，1995)。相比其他年龄的人群，老年人因为缺乏求助渠道，导致其心理风险不容易被察觉，因此老年人的心理健康更易受到重大突发事件的负面冲击(Lee et al.，2006)。

关于重大突发事件对老年人心理健康的影响在国内研究中并不多见，国内关于此类问题的研究多着重于疫情高发期间的居民心理状态与疾病防控(黄斌英等，2020)，但疫情后特殊人群的心理健康问题却并未引起足够的关注。根据对2003年非典型肺炎疫情的现象研究，与"非典"相关的心理健康问题最初并未得到充分认识，但随着时间推移，研究逐渐发现疫情对患者、医护人员、因隔离遭受社会剥夺的群体，乃至对整个社会均造成了不同程度的心理影响(Chua et al.，2004)。已有研究表明，重大突发事件后，老年群体比其他群体面临更严重的心理问题，继而带来身体机能的退化，对其健康造成持续性伤害(封进，2020)。例如："非典"过后，由于"非典"时期焦虑情绪带来的健康恶化，使得"非典"疫情经历时间较长地区的老年人死亡率高于经历时间较短的老年人(Anna et al.，2008)；汶川地震后，灾区老年人的孤独感更为强烈，继而损害其心理健康(宋点白和杨成钢，2011)。

5.2.3 老年人心理健康干预及服务研究

由于老年人心理健康受多方面因素的影响，因此对老年人心理健康干预及服务研究分别从不同角度进行考量。虽然已有文献对老年人心理健康干预措施进行研究，但研究数量相比心理健康影响研究较少，并且大多研究主要围绕老年人心理健康问题的治疗与预防进行。基于干预措施主体的不同，对

数字经济与积极老龄化

老年人心理健康的干预措施大致能够划分为个人、家庭及政府三种不同类型。

对于个人及家庭方面的干预而言,部分研究认为,首先,需要加强老年人配偶、子女、亲友与老人的沟通和交流,营造和谐的家庭氛围,以此使得老年人的孤独无助感降低,其中代际支持尤为重要,子女除了必要的经济支持外,也需要注重对老人的精神帮助(张艳红,2013;齐玉玲,2017)。其次,在反向代际支持,即老年人对子女的支持方面,肖雅勤等(2017)的研究认为,应当减少老年人对孙辈的隔代照料,减轻老年人因隔代照料承担的精神及健康压力。唐丹等(2020)的研究表明,老年人对孙子女的低强度照顾对老年人心理健康起到积极影响,通过照顾孙子女能够增加社会交流,强化老年人社会参与程度,但高强度的儿童照料却损害老年人的身心健康,因此家庭应关注反向代际支持老年人的心理状态,增加对老年人的情感、经济支持,分担日常家务。再次,从老年人自身社交需求角度而言,可转变自身观念、积极参与体育锻炼、公益活动及社区活动,通过参与社会、增加人际交流的方式来调节自己的身心健康状态(栾文敬,2012;郝树臣,2012)。

从政府干预层面而言,以往研究分别从社区微观及政策宏观干预视角进行研究。在社区干预方面,以往研究认为,第一,社区应完善老年活动室、老年人协会、社区卫生院等相应的老年服务基础设施建设,或者通过设立专门的活动中心,满足老年人人际交往和隔代照料需求,同时社区可组织与儿童照料相关的活动,帮助老年人增加社会互动,进一步扩展社交网络。第二,社区应积极组织老年人参与不同类别的文体活动,组织建立老年人互助协会,加强老年人的相互沟通,以丰富老年人的精神生活(王瑞梓和张丽珍,1996;张艳红,2013;齐玉玲,2017)。第三,应解决老年人生活中面对的现实问题,适当地满足老年人切实需求,例如为独居、失能老人提供上门家政服务和医疗保健服务,对老年人可能出现的心理问题做到早预防、早发现、早干预(高蓓,2011;傅宏,2017)。从政策干预角度来看,部分研究认为,首先应进一步完善老年人相关的政策法规,保障老年人权益,尤其针对高龄老人、空巢老人此类弱势群体。同时需要强化对政策法规的宣传力度及实施效果,确保老年人可享权利,规范子女赡养义务,把养老问题从道德层面上升到法律高度,进一步实现"老有所依、老有所养"的良性养老系统(高蓓,2011;李龙慧,2014)。其次,需建立老年人心理健康促进体系,将老年人健康尤其是心理健康问题干预提升为社会战略中的一项，营造尊老、敬老的社会氛围，将保障老年人心理健康纳入提高国民生活质量、建设幸福国家的重要内容（栾文敬等，2012）。再次，进一步推进老年人社会保障制度，例如医疗保障、养老保障等，建立经济保障、服务保障、心理健康三位一体的老年福利体系，加大对经济落后地区老年人的财政支出和帮扶力度，完善医疗机构和养老机构的建设，健全各类配套设施，同时应引入相关的监督机制，保证政策执行的公正透明（李龙慧，2014）。最后，应鼓励老年人再就业和参与社会活动，积极构建老年人与社会接触和联系的渠道，加强老年人社会参与能力。

目前对老年人心理健康干预措施的研究大都还停留在理论层面阶段，但实施效果方面已经开始引起部分学者的重视，并对心理健康干预措施实施效果进行了初步的实证检验。如付金翠等（2013）对云南省玉溪市老年人心理健康进行了系列干预活动，如开展心理健康科普教育计划（例如开展老年心理健康和保健知识讲座、支持性免费心理咨询活动）、家庭干预、同伴互助计划及多部门合作共同干预计划（例如开展由疾控、医院、妇联等多部门合作的心理健康各方面的讲座和座谈会），以及骨干同伴宣传员培训计划（例如每社区选出有爱心、交际广的居民作为宣传员，分组到老年人家里进行开导和关怀活动），对干预后的结果进行调查发现，系列干预活动显著提升了老年人的心理健康状况，在相关措施干预下，老年人群能够了解到心理健康相关知识，同时加强了社会参与程度，使得老年人的抑郁情绪和孤独感在干预后都有了明显的改善。

5.2.4 数字技术应用与老年人心理健康

数字技术应用对老年人心理健康的影响主要从改善社交网络出发进行研究。随着年龄的增长，老年人经常会因为退休、朋友和家人去世以及邻居搬走而失去与社交网络成员的联系（Havens et al.，2004），或者由于时间或距离的原因，沟通变得难以维持，这种失去联系通常与社会情感结果的下降有关。互联网等数字技术的使用可以帮助老年人克服时间和空间距离，建立或维持社会关系，从而减少社会孤立和孤独，有助于改善老年人的情绪结果。

大量研究表明，互联网等数字技术的使用可以帮助老年人保持与社会关系的联系（Nimrod，2010；Barnett & Adkins，2001），联系可以在线上和线下进行（Blit-Cohen & Litwin，2004）。例如，在促进与家人和友谊方面，电子邮件比电话交流更有效(White & Weatherall，2000)。互联网的使用也可以减少地理距离对老年人的影响(Winstead et al，2012；Adams & Stevenson，2004)，生活分散的家庭越来越多地将互联网作为他们维持世代联系的主要渠道(Climo，2001)。此外，互联网的使用也被证明可以丰富与世隔绝的老年人的生活(Swindell，2008)。由于使用了信息和通信技术，老年人的生活压力降低(Wright，2000)。同样，互联网的使用和自我效能感之间也存在积极的关联(Erickson & Johnson，2011)。

然而，另一些研究结果却表明，老年人的网络连接和社交孤立之间没有关系(Loges & Jung，2001)。通信技术的使用与社交网络规模的下降和孤独感的增加有关(Kraut et al.，1998)。Nimrod(2011)发现，在线老年社区中构建的关系比离线或真实的关系更肤浅。结果也可能因互联网使用的类型、数量、时间和功能而异(Cotten et al.，2011)。如果个人将互联网用于非交流目的，或者他们过度使用互联网，损害了他们的社会角色，那么很可能对他们的孤独感和社会孤立感影响不大，或者孤独感和社会孤立感会增加。

综上所述，以上研究均是探讨老年人日常生活中数字技术使用对老年人心理健康的影响，但尚未研究重大突发公共事件下数字技术使用对老年人心理健康的作用结果。

5.3 数字参与对老年人健康影响的实证检验

本章首先从一般情况出发，通过实证检验数字参与对中国老年人健康的具体影响，为重大突发公共事件背景下数字技术应用对老年人心理健康的作用效果铺垫实证分析基础，方便进行对比。

5.3.1 数据来源与变量说明

本节使用的数据主要来自中国健康与养老追踪调查(China Health and Retirement Longitudinal Study，CHARLS)。该数据库从 2011 年开始，收集了中国 45 岁以上中老年人的样本信息，涵盖了中国 150 个及 450 个县级、村级单位，包括约 1 万户家庭中的 1.7 万名中老年人个体及家庭信息，具有广泛的代表性。该数据库每两到三年进行追踪，因此本节选取 2018 年 CHARLS 数据进行分析，以对比 2019 年末开始的突发公共事件下数字技术应用对老年人心理健康的影响。本节选取使用 60 岁及以上年龄的老年人作为

第5章 数字经济与老年人健康

研究分析对象,在排除异常值和极端值之后,剩余样本量约为9 898名被调查者。具体描述性统计信息如表5.1所示。

本节中选取老年人自评健康作为被解释变量,老年人自评健康蕴含自身对健康情况的判断,与心理健康相关联,其变量范围由1到5,通过本书处理后,该数值越高,老年人自评健康情况越好。本节将以数字参与相关的功能使用数量和电子支付作为解释变量。其中,互联网活动类型共包括6种,分别是聊天、看新闻、看视频、玩游戏、理财及其他。电子支付取值为1,说明老年人使用电子支付功能,相反取值为0,说明老年人不使用电子支付功能,调查样本显示15.87%的老年人使用电子支付(包括支付宝、微信支付)。控制变量中包括老年人个人和家庭特征,包括年龄、性别、婚姻状况、受教育年限、参与社保情况、基础病情况、日常生活活动能力(ADL)情况、子女数量、养老金情况、家庭资产、是否照料孙子女。描述性统计信息显示在调查样本中平均年龄约为65岁,男性比例约51%,约75%的老年人有配偶,老年人平均受教育年限约为8年,约98%的老年人参与了社保。且调查样本中,老年人子女数量平均2到3个,有约39%的老年人为孙子女提供照料。

表5.1 描述性统计

变量	均值	标准差	最大值	最小值
被解释变量				
老年人自评健康	2.86	0.96	5	1
解释变量				
互联网活动类型数量	0.68	1.26	6	0
电子支付 = 1(%)	15.87			
控制变量				
年龄	65.32	9.79	60	97
性别:男(%)	50.98			
婚姻状况:有配偶(%)	74.74			
受教育年限	8.24	4.26	19	0
参与社保(%)	98.08			

续表

变量	均值	标准差	最大值	最小值
基础病情况	2.54	2.01	13	0
ADL=1(%)	87.12			
子女数量	2.40	1.58	14	0
养老金情况(对数)	9.86	1.26	13.30	1
家庭资产(对数)	7.85	3.73	18.48	1
照料孙子女(%)	39.25			

数据来源：CHARLS 数据 2018 年。

5.3.2 模型构建

本节设定基准回归模型构建如下：

$$\text{Heal\_Status} = \beta_0 + \beta_1 \text{ICT}_{it} + \sum_{i=1}^{N}\beta_j X_{it} + \lambda_i + \mu_t + \varepsilon_{it} \quad (5.1)$$

被解释变量为 Heal_Status，代表老年人自评的健康水平(Heal_Status=(1,2,…,5))。ICT_{it} 为核心解释变量，代表老年人数字参与情况，包括互联网活动类型数量(Internet)或是否使用电子支付(epay)。X_{it} 是影响老年人自评健康的控制变量，包括人口特征和家庭信息。包括年龄(age)、性别(gender)、婚姻情况(marr)、受教育年限(eduy)、参与社保情况(参与=1，未参与=0)、基础病数量(共 13 种)、是否具备日常生活能力(是=1，否=0)、子女数量(children)、养老金情况(pension)、家庭资产(Net_asset)及是否照料孙子女(是=1，否=0)等信息。β_1 为解释变量参数估计值，表示数字技术使用对老年人自评健康的影响系数；ε_{it} 表示随机误差项。此模型还控制了省份及时间固定效应，分别为 λ_i 和 μ_t。此外，老年人养老金和家庭资产均进行了对数处理。

5.3.3 实证结果分析

(1)基准回归结果

数字参与情况对老年人自评健康的基准回归结果如表 5.2 所示。通过表

第5章 数字经济与老年人健康

5.2可以发现，数字参与中互联网活动类型数量多的老年人具有更高的自评健康状况，而能够使用电子支付功能的老年人同样受到正向影响。无论是否控制个体特征，此结果均成立。其中一种解释可能是老年人从数字技术中应用中获得更多的社会影响感知(Cotton et al., 2013)，从而形成积极的自评健康结果。社会接触水平较低的负面感受会形成孤独和社会孤立的主观体验，导致自评健康的低水平结果。数字参与和电子支付拓宽了老年人的社交路径，使老年人能够通过数字参与融入社会，获得更多的社会支持。例如，老年人发布微信朋友圈或抖音视频，能够获得与其他人交流的机会，进而获得社会支持和社会融入。

表5.2 基准回归结果

变量	老年人自评健康			
	(1)	(2)	(3)	(4)
Internet	0.088***	0.037**		
	(0.014)	(0.016)		
epay			0.333***	0.154***
			(0.050)	(0.055)
控制变量	否	是	否	是
省份固定效应	是	是	是	是
年份固定效应	是	是	是	是
Constant	3.080***	3.544***	3.087***	3.506***
	(0.023)	(0.175)	(0.022)	(0.177)
R^2	0.013	0.038	0.016	0.039

注：*、**、***分别表示在10%、5%、1%的水平下显著，括号内为稳健标准误。

(2)稳健性检验

由于OLS回归可能带来的内生性问题(包括遗漏变量、系统测量误差及反向因果关系的潜在可能性)，等本节同样使用工具变量的两阶段最小二乘法对 OLS 结果进行检验。参照 Luan(2023)的研究，本节选取的工具变量是各省的数字经济发展水平与老年人年龄的交互项。其原因是地区的数字经济发展水平越高，老年人获得数字参与的机会越多，使用数字技术的能力越强，但与老年人个体的自评健康情况无关。而老年人年龄作为自然变量，具有外生性，与其他解释变量无关。

表 5.3 给出了工具变量法的两阶段最小二乘回归结果。通过两阶段最小二乘回归的结果可以发现，互联网活动类型数量和电子支付均显著地影响老年人的自评健康，且对比电子支付功能，数字参与种类的影响程度更强。两阶段回归的 F 值分别为 112.11 和 123.50，表明该工具变量通过了弱工具变量检验，两阶段最小二乘回归结果可靠。该结果与 OLS 回归结果显著性基本一致，证明 OLS 回归结果有效、稳健。

表 5.3　2SLS 回归结果

变量	老年人自评健康			
	2SLS	第一阶段	2SLS	第二阶段
Internet	0.618***			
	(0.221)			
epay			4.956*	
			(2.844)	
IV		0.021***		0.003*
		(0.005)		(0.001)
控制变量	是	是	是	是
省份固定效应	是	是	是	是
年份固定效应	是	是	是	是
Constant	2.567***	1.763***	0.372	0.663***
	(0.428)	(0.213)	(1.888)	(0.062)
F 值	16.10	112.11	6.24	123.50

注：*、**、***分别表示在10%、5%、1%的水平下显著，括号内为稳健标准误。

第5章 数字经济与老年人健康

接下来本节探究了数字参与对老年人自评健康影响的性别和年龄异质性作用结果(表5.4)。从性别角度而言,数字参与的互联网活动类型数量对男性和女性老年人均存在正向影响,且对女性老年人的作用程度更高。而电子支付功能只对女性老年人自评健康具有积极影响。这意味着女性老年人更需要获得社会参与的支持,具有更高的精神需求。

本节将样本中的老年人按照60到70岁、71到80岁,以及80岁以上进行年龄层划分。表5.5体现了数字参与情况对不同年龄层老年人自评健康的影响结果。从中发现,数字参与的互联网活动类型数量仅对60到70岁的较年轻老年人存在影响,这个年龄段的老年人更有精力和活力进行社会参与,属于积极老龄化的主要参与群体。而电子支付对60到70岁、71到80岁老年人均存在正向促进作用。通过结果发现,80岁以上的老年人由于数字技术使用鸿沟,难以享受到数字经济带来的精神福利,这也是积极老龄化和数字包容型社会需要关注的主要问题之一。

表5.4 分性别回归结果

变量	老年人自评健康			
	男性		女性	
Internet	0.047**		0.057**	
	(0.021)		(0.022)	
epay		0.124		0.177**
		(0.076)		(0.080)
控制变量	是	是	是	是
省份固定效应	是	是	是	是
年份固定效应	是	是	是	是
Constant	2.731***	3.667***	2.825***	3.336***
	(0.103)	(0.257)	(0.069)	(0.267)
R^2	0.028	0.044	0.032	0.036

注:*、**、***分别表示在10%、5%、1%的水平下显著,括号内为稳健标准误。

表 5.5　分年龄回归结果

变量	老年人自评健康		
	60～70 岁	71～80 岁	80 岁以上
Internet	0.068***	0.029	0.068
	(0.018)	(0.019)	(0.047)
epay		0.137**	0.203*
		(0.062)	(0.118)
控制变量	是　　是	是　　是	是
省份固定效应	是　　是	是　　是	是
年份固定效应	是　　是	是　　是	是
Constant	3.018***　2.828***	2.709***　2.693***	3.042***
	(0.076)　(0.075)	(0.098)　(0.090)	(0.068)
R^2	0.017　　0.040	0.041　　0.024	0.011

注：*、**、*** 分别表示在 10%、5%、1% 的水平下显著，括号内为稳健标准误。

5.4　重大突发事件下数字技术应用案例分析

接下来，本章以 2020 年世界范围全面暴发的新冠肺炎疫情为重大突发公共事件案例，调查了吉林省长春市老年人数据，逐步分析了以互联网为代表的数字技术应用对老年人心理健康的影响。

5.4.1　"ABC"情绪理论说明

本节主要基于"ABC"情绪理论展开对重大突发公共事件下数字技术应用对老年人心理健康的影响研究。"ABC"情绪理论最早由美国心理学家 A. Ellies 提出，引入中国后也被译为"ABC"理论、"ABC"情绪理论或情绪"ABC"理论，本研究中使用"ABC"情绪理论的称法。该理论认为由于非理性信念产生而导致出现情绪困扰，人的困扰情绪及行为不是由诱发事件直接引起，而是因为个体对这一事件的非理性信念诱发引起。该理论中设定 A(activating events)为某突然事件，即诱发源；B(beliefs)为诱发源导致该个体对此事件的认知评价、信念系统，C(consequences)为个体基于认知信念的情绪、行为间接后果。由于对 A 的认知总是因人而异的、主观的，因此由于 A 导致不同的认知信念 B，从而会产生不同的 C，即不同的心理后果，主要原因正是信念 B 的差别。由此，事件本身 A 的刺激情境仅是导致情绪、心理反应的间接原因，对刺激情境的认知、信念和评价 B 才是引起情绪反应的直接原因。

"ABC"情绪理论在分析心理健康及情绪问题中也得到了较多应用。作为理情行为疗法的核心理论，在理情行为疗法的研究中多数学者对其进行了较为详细的探索，以用于解决情绪困扰。于辉对"ABC"情绪理论的内涵和操作机制进行了清晰的介绍，指出由于不合理的信念使得个体产生情绪困扰，从而引起情绪障碍。李春雷（2009）把"ABC"情绪理论纳入"心理诊断阶段"，并结合案例对其内涵及实务操作方法进行应用呈现。医学研究方面，盛浏丽、吴梦婕（2021）将"ABC"情绪理论应用于幽闭恐惧症肿瘤患者 MRI 检查，该研究改善了患者焦虑症状且使得自主神经症状发生率降低，提高了检查完成率和满意度。康玉玲（2021）基于"ABC"情绪理论干预对急性心肌梗死患者的心理状态及应激反应的影响，发现采用该方法显著改善了患者心理状态、应激反应，令患者在后续治疗中能够积极配合。在社会学研究方面，杨果和陈诗师（2021）利用"ABC"情绪理论探讨了教育热点事件、网络舆情对大学生价值观的影响，并提出了引导策略。蒋弘等（2021）基于"ABC"情绪理论研究了上市公司投资吸引力与并购融资决策的关系，通过心理学趋利避害动机得到上市公司的投资吸引力对并购融资决策会表现出直接、间接两种影响的结论。此外，随着社会变革，特殊人群心理健康问题越发引人关注，部分学者开始应用"ABC"情绪理论研究学龄前儿童、大学生群体、老年人群的情绪问题，从而对其情绪管理能力进行有效引导（张露莎，2014；张钰涵，2017；姬飘飘，2017 等）。

从"ABC"情绪理论观点出发，新冠肺炎疫情等重大突发事件的突发性、偶然性特点，产生了诱发源 A；由于中国老年人个体存在受教育程度、性格、理解能力、家庭关系、社会参与程度的差异性，导致其在理解接受诱发源 A 显现了不同的信念认知 B，不同的信念认知 B 势必导致老年人对新冠肺炎疫情差异的心理状态反应，因此间接诱发不同程度的心理健康状态及情绪后果 C。鉴于此，本节基于"ABC"情绪理论，引入特征差异对"ABC"情绪理论进行改进，构造"疫情（应激源A）—消极情绪（B）—特征差异—不同心理健康状态后果（C）"的逻辑关系，并在三方面特征基础上通过对老年人心理症状、行为、体验特征、积极心理品质四方面的测评，得到重大突发公共事件后老年人心理行为结果，以提出通过数字技术改善和优化老年人面对重大突发公共事件后心理健康状态的政策建议。

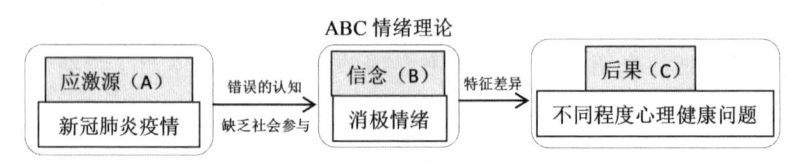

图 5.1 "ABC"情绪理论逻辑关系

5.4.2 数据来源、变量说明与描述性统计

(1) 数据来源

本章案例采用的数据通过作者2020年发放的调查问卷获得，最终调查的有效样本为448份，主要调查地区为吉林省长春市。作为吉林省省会城市，其人口老龄化趋势明显，老年人口占比较高，收集长春市地区样本更具有代表性。长春市调查地区具体包括南关区、宽城区、朝阳区、二道区、绿园区、经开区、净月高新技术产业开发区、汽车经济技术开发区、长春新区、双阳区及九台区。从调查样本采集情况来看，被调查人居住地址主要集中于朝阳区（占比27.68%）、南关区（占比15.18%）及净月高新技术开发区（占比12.5%），二道区、宽城区、绿园区及经开区次之，占比约为6%～10%之间，汽车经济技术开发区、长春新区、双阳区及九台区占比最低，均仅为2.68%。

由于世界卫生组织（WHO）将老年人定义为60周岁及以上的群体，因此选取长春市60周岁及以上的城镇老人作为研究对象。被调查人职业涵盖党政机关、群众团体和社会组织、企事业单位人员，教师及专业技术人员，商业、服务业人员，农、林、牧、渔、水利业生产操作人员，其他（军人等）五种不同职业类型，职业分布情况如图2.3所示，被调查者中从事不同行业的人员比例依次分别为41.07%、23.21%、21.43%、8.93%及5.36%。该统计结果与长春市产业结构历史特征相符合，多数被调查者从事产业技术相关职业，

第5章 数字经济与老年人健康

少数被调查者从事商业、服务业行业。

样本量及被调查人的多样性特征有助于本项目充分地分析新冠肺炎疫情对不同职业老年人心理健康状态影响。

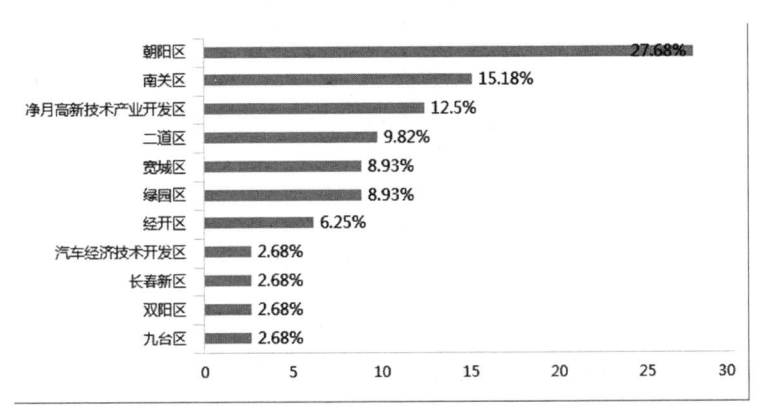

图5.2 调查样本采集地区情况

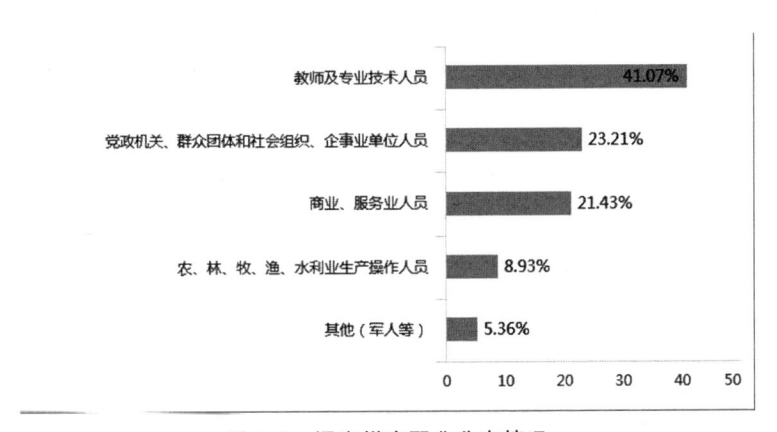

图5.3 调查样本职业分布情况

为了更加深入地分析老年人心理健康状况，利用问卷调查信息对其直接情绪状态进行描述性统计分析，并分析老年人对新冠肺炎疫情获取方面信息渠道等情况。

关于"新冠肺炎疫情是否对情绪产生影响"的问题，68.75%被调查者选择了肯定性答案，仅9.82%被调查者选择否定性答案，另有21.43%被调查者选择不确定。该问题主要考察老年人对新冠肺炎疫情影响的自评心理健康消极情绪影响水平。

数字经济与积极老龄化

负面情绪项目	百分比
发现很难从日常生活得到快乐	44.64%
比过去更容易疲劳	35.71%
感觉不快乐，无法享受快乐的过程	29.46%
经常头痛，其他身体部位酸痛	21.43%
感觉不安、紧张、担忧、恐慌、惊吓等	20.54%
思维过程缓慢，注意力难集中	18.75%
睡眠障碍、食欲差	15.18%
其他	15.18%
出汗发冷	7.14%
很难做出决定	6.25%
容易被吓到	4.46%
日常生活令您感到痛苦	1.79%
比原来哭的多	0.89%

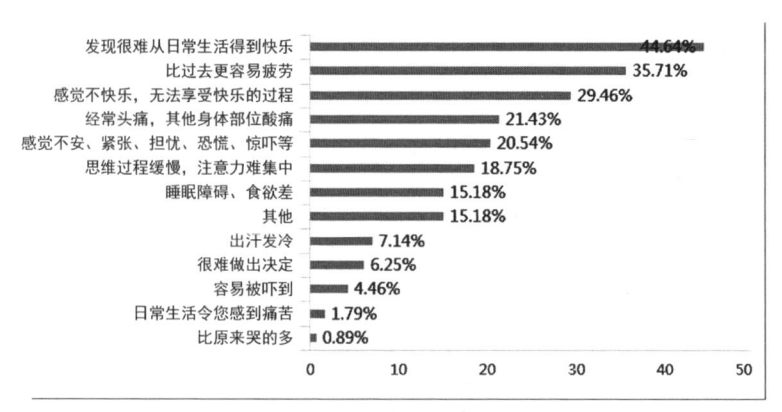

图 5.4　负面情绪得分细则

为了细化新冠肺炎疫情对老年人消极情绪影响程度，即考察疫情后老年人的心理健康状态后果，问卷设置 13 个细则问题对负面情绪进行自评评分，被调查人可选择多个细则选项，统计结果如图 5.4 所示。结果显示，更多的被调查人显现为情绪影响反应，其中有 44.64％的被调查者选择"发现很难从日常生活得到快乐"选项，另有 29.46％的被调查者选择"感觉不快乐，无法享受快乐的过程"，18.75％的老年人选择"思维过程缓慢，注意力难集中"，6.25％被调查者选择"很难做出决定"；从生理反应表现来看，35.71％的老年人选择"比过去更容易疲劳"，有 21.43％的被调查者选择"经常头疼，其他身体部位酸痛"，出现"感觉不安、紧张、担忧、恐慌、惊吓等"问题的老年人占比 20.54％，表现"睡眠障碍、食欲差""出汗发冷"的人数占比分别为 15.18％和 7.14％。对于更严重的心理情况表现，例如"容易被吓到""日常生活令人感到痛苦"及"比原来哭的多"问题占比较低，说明对于多数老年群体而言，新冠肺炎疫情尚未对其心理产生更为严重的影响。然而，另有 15.18％的被调查者选择"其他"选项，意味着对于吉林省老年人而言，对疫情后其心理问题的研究仍有待深入探索。

图 5.5 描述了老年人自评疫情最为严重期间不良情绪来源情况，此问题可多项选择（最多不超过三个选项）。从调查统计结果来看，"不能正常出行"和"担心家人及孩子被感染"成为被调查者不良情绪的主要来源，占比分别达到 78.57％和 75.89％。由于新冠肺炎疫情于 2020 年初突发造成防护用品供给紧张的影响，"买不到防护用品"同样成为被调查者不良情绪的重要来源，

第5章 数字经济与老年人健康

占比达到33.04%,后期防护用品生产供给能够满足需求后,该来源影响减弱。其余不良情绪来源依次为"担心自己被感染"(占比16.96%)、"看到疫情数据每天在增长"(占比13.39%)、"自身慢性病"(占比10.71%)、"担心自身疾病无法正常就诊"(占比8.93%)、"缺乏新冠肺炎疾病知识"(占比6.25%)及其他来源因素(占比4.46%)。

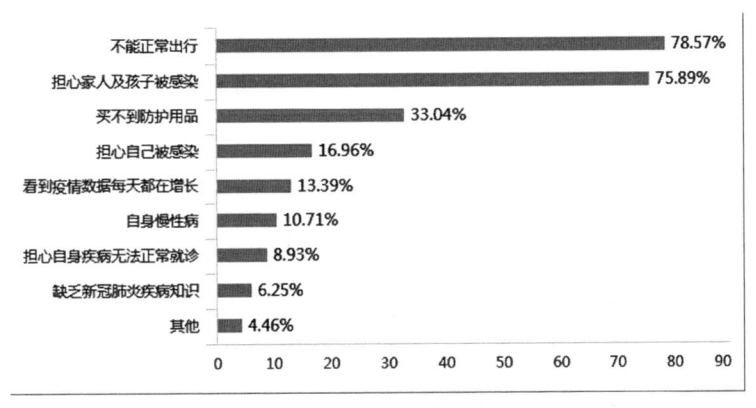

图5.5 自评负面情绪来源

从老年人获取新冠肺炎疫情信息渠道来看,有64.29%的老年人从报纸、电视等传统媒体获得疫情信息,58.93%的老年人从互联网(含微信、微博、抖音、快手等)获得相关信息,54.46%的老年人会通过与熟人交流获取疫情信息。

(2)变量说明

本章采集的数据主要为2020年新冠肺炎疫情发生后吉林省老年人个体特征(年龄、性别、受教育程度、生理机能健康水平)、家庭特征(配偶、居住方式、代际支持等)、社会参与(联系频率、社会支持等)及心理健康自评情况进行指标设计。其中,基于"ABC情绪理论",遵循"疫情(应激源A)—消极情绪(B)—特征差异—不同心理健康状态后果(C)"逻辑关系,将心理健康自评分为"情绪影响",即是否出现消极情绪(B),以及"情绪得分",即不同心理健康状态后果(C),情绪得分计算主要通过对老年人心理症状、行为、体验特征、积极心理品质四方面的测评获得,以得到面对健康挑战后特征差异下老年人心理行为结果。同时参考中国健康与养老追踪调查(CHARLS)结合广泛性焦虑量表(GAD-7),本章设计的老年人基本特征及心理测评指标如表5.6所示。

数字经济与积极老龄化

首先,个体特征方面涵盖了被调查者性别、年龄、文化程度、收入及健康状况信息。其中,对"年龄""文化程度""收入"及"健康状况"进行分类处理,具体为将"年龄"分为"60～70岁""71～80岁""81～90岁"及"90岁以上"四个阶段;将文化程度分为"小学""初中""中专或高中""大专或本科"及"研究生及以上"五种受教育水平层次;将"收入"按照家庭年收入分为"8万元以下""8万～15万元以下""15万～30万元以下""30万～100万元以下"及"100万元以上"五种收入水平;"健康状况"为老年人自评健康水平,划分为"很好""好""一般""不佳"及"患有慢性病",其中将"很好"和"好"记为同一类别,将"不佳"和"患有慢性病"为同一类别。

其次,家庭特征方面主要考虑被调查者婚姻状况、居住方式及子女照料情况。其中,将"婚姻状况"涵盖"未婚""初婚""再婚""离异""丧偶"及"同居"六种不同状态,将"初婚""再婚""同居"视为有伴侣情况,"未婚""离异""丧偶"视为无伴侣情况。"居住方式"分为"独居"及"非独居","非独居"中包括"与配偶同住""与父母同住(含岳父母、公婆等)""与子女同住(含孙辈、侄子女等)""与兄弟姐妹同住"及"与他人同住(含保姆、居住养老机构、医院、疗养院)",考虑疫情居家时间较多,将"与子女同住(含孙辈、侄子女等)"视为"子女照料"情况,以此指标表示代际支持。

"信息化生活"衡量老年人数字技术应用能力程度,具体细则设计为"线上购买生活用品""使用 APP 线上订餐""使用 APP 网约车""能够熟练使用健康码""使用微信、支付宝等支付手段""线上预约看诊""线上交流(QQ、微信等)""线上娱乐(看书、视频,听音乐,打牌,游戏等)""能够自己线上查询搜索新闻、消息"及"以上都不属于"10 种状态,每种信息化生活方式计为 1 分,累积计分为老年人信息化生活程度,得分越高,信息化生活能力越强,则数字技术应用能力越好,若选择"以上都不属于"则计分为 0 分。

再次,社会参与特征方面重点考察了老年人社交活动、人际交流、出行频率及信息化生活四个方面状况。其中,"社交生活"涵盖"串门、和朋友交往""参加社区组织活动""跳舞、健身等""与亲人(父母、配偶、子女等)共同出行"及"其他"五类社交活动,每项社交活动计为 1 分,累积加总后为社交生

第5章 数字经济与老年人健康

活得分,得分越高代表疫情以来的社交活动越丰富。"人际交流"为老年人交流频率,主要考察疫情以来老年人与人交流的情况,主要分为"交流增加""与以往差不多""交流减少"及"没有交流"四种情形。"出行频率"表示疫情期间老年人出行频率,具体设计为"差不多每天出行""差不多每周出行3次左右""差不多每月出行5次左右"及"基本不出行"四种出行频率状态。

最后,心理健康情况自评方面,分为情绪影响及负面情绪得分。"情绪影响"为老年人自评情绪健康状态,主要由被调查人主观判断新冠肺炎疫情是否影响到自身心理状态,选项分为"是""否"及"不确定"三种选择。由于"情绪影响"为主观自评指标,易出现判断偏差,因此为客观考察新冠肺炎疫情是否对老年人心理健康产生影响,计算负面情绪得分以分析出老年人的心理健康状态后果。心理健康状态的负面情绪得分计算涵盖13个细则,从生理变化、外在情绪表现、能力行为表现几个方面进行设计,具体涵盖问题如:"经常头痛,其他身体部位酸痛""睡眠障碍、食欲差""感觉不安、紧张、担忧、恐慌、惊吓等""比原来哭的多""出汗发冷""容易被吓到""思维过程缓慢,注意力难集中""发现很难从日常生活得到快乐""日常生活令您感到痛苦""比过去更容易疲劳""感觉不快乐,无法享受快乐的过程""很难做出决定"及"其他"。计算方法为每拥有一种行为表现计为1分,拥有多种行为表现则进行加总合分,该负面情绪得分越高代表心理健康状态越为消极。

表 5.6　指标设计表

类别	指标名称
个体特征	性别
	年龄
	文化程度
	收入
	健康状况
家庭特征	婚姻状况
	居住方式
	子女照料

续表

类别	指标名称
社会参与	社交活动
	人际交流
	出行频率
	数字技术应用能力（信息化生活）
心理健康	情绪影响
	情绪得分

(3) 描述性统计

a. 个体特征

表 5.7 给出了调查样本老年人的个人特征情况，主要包含性别、年龄、受教育水平、年收入及自评健康情况。从性别特征来看，被调查者性别比例较为平均，其中男性被调查者占比约为 46.43%，女性被调查者比例约为 53.57%。

从年龄分布情况来看，多集中于 60~80 岁年龄区间，各年龄层被调查者比例情况如图 5.6 所示。60~70 岁为年龄段 1，表示低龄老年人，人数占总被调查人比例为 38.39%；71~80 岁为年龄段 2，代表中龄老年人，人数占总被调查人比例达到 35.71%；年龄段 3 包含 80 岁及以上老年人，表示高龄老年人，高龄老人中 81~90 岁老年人占比 21.43%，90 岁以上占比为 4.46%。调查样本的年龄段人数分布情况与吉林省老年人总体各年龄段比例基本吻合，说明调查样本具有一定的客观性，能够从该样本推断吉林省总体不同年龄层老年人的心理情况。

表 5.7 老年人个人特征描述性统计

个人特征	性别	年龄	受教育水平	年收入
均值	0.536	1.920	3.071	1.768
中位数	1.000	2.000	3.000	2.000
最大值	1.000	4.000	5.000	5.000
最小值	0.000	1.000	1.000	1.000
标准差	0.499	0.879	0.962	0.887
样本量	448	448	448	448

第5章 数字经济与老年人健康

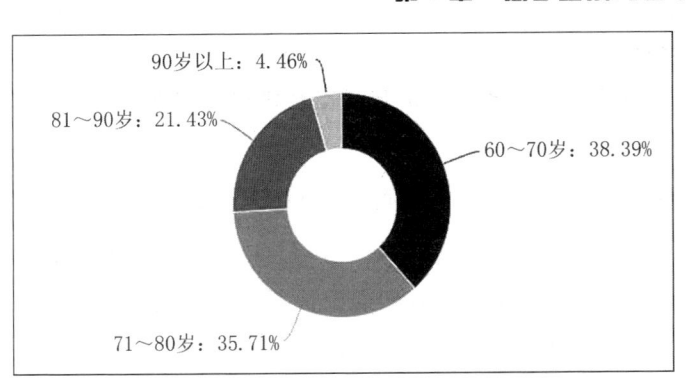

图 5.6 被调查人年龄分布情况

从被调查者的文化水平来看，大专或本科学历占比最高，达到 33.04%；中专或高中水平次之，达到 31.25%；受教育水平为初中学历、研究生及以上学历、小学学历占比依次为 27.68%、4.46% 及 3.47%。

就被调查者的经济状况来看，统计信息显示，家庭年收入在 8 万元以下的老年人居多，占比 43.75%；年收入在 8 万～15 万元以下、15 万～30 万元以下的老年人人数占比分别为 42.86% 及 8.93%。高收入老年人占比较少，年收入在 30 万元以上的老年人占比仅 4.47%。

图 5.7 分析了被调查老年人的自评健康情况，选择"健康状况一般"的老年人占比过半，达到 58.04%；认为自身健康情况很好、好的老年人分别为 8.93% 和 16.96%；自评患有慢性病及健康状况不佳的人数比例约为 12.5% 和 3.57%。

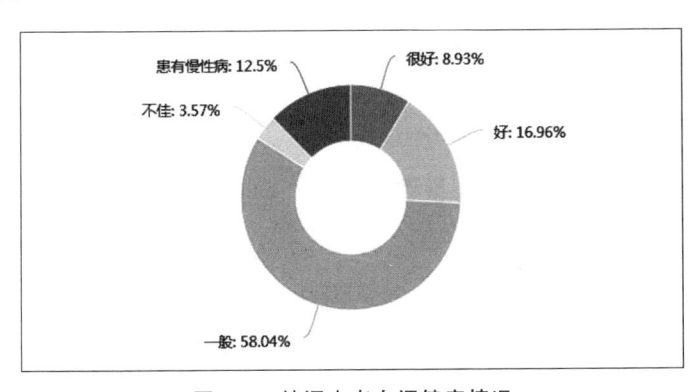

图 5.7 被调查者自评健康情况

b. 家庭特征

表 5.8 为被调查老年人的家庭特征信息描述性统计，具体为其婚姻状况、居住方式及子女照料情况。

就婚姻状况而言，分为当前有配偶(变量为 1)、无配偶(变量为 0)两种不同情形，有配偶老年人比例约为 74.11%，而无配偶老年人比例约为 25.89%。调查数据显示属于拥有配偶的被调查者中婚姻状况初婚人数最多，占比高达 65.18%；再婚次之，达到 7.14%，而同居情况人数占比为 1.79%。调查信息显示对于无配偶的被调查者而言，其婚姻状况属于离异或者丧偶，且无未婚情况，被调查人为离异情况占比 4.46%，丧偶情况达到 21.43%。

表 5.8 老年人家庭特征描述性统计

家庭特征	婚姻状况	居住方式	子女照料
均值	0.741	0.937	0.464
中位数	1.000	1.000	0.000
最大值	1.000	1.000	1.000
最小值	0.000	0.000	0.000
标准差	0.439	0.243	0.499
样本量	448	448	448

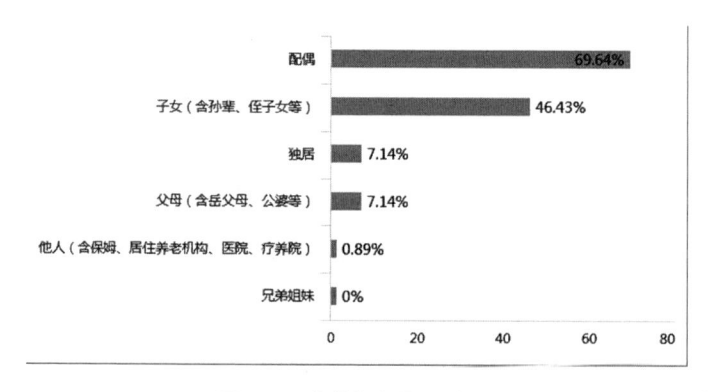

- 配偶 69.64%
- 子女(含孙辈、侄子女等) 46.43%
- 独居 7.14%
- 父母(含岳父母、公婆等) 7.14%
- 他人(含保姆、居住养老机构、医院、疗养院) 0.89%
- 兄弟姐妹 0%

图 5.8 疫情期间居住方式

从居住方式和子女照料情况来看，非独居老年人情况较多，其中具有子女(含孙辈、侄子女)共同居住的情况达到 46.43%，独居老人占比仅达到

第5章 数字经济与老年人健康

7.14%。具体居住方式情况如图5.8所示，被调查者多数与配偶共同居住，比例约为69.64%，与父母（含岳父母、公婆）共同居住比例约为7.14%，与他人共同居住（含保姆、居住养老机构、医院、疗养院）比例仅0.89%，意味着居家养老仍是吉林省老年人主要养老方式。

c. 社会参与特征

基于前文分析，选择疫情严重期间老年人的社交活动内容、人际交流情况、出行频率作为衡量疫情后老年人社会参与的基本方式，同时考虑到互联网使用的影响，将信息化生活纳入老年人社会参与活动范围。被调查人社会参与描述性统计情况如表5.9所示。

表5.9 老年人社会参与描述性统计

社会参与	社交活动	人际交流	出行频率
均值	1.116	2.723	3.250
中位数	1.000	3.000	4.000
最大值	3.000	4.000	4.000
最小值	1.000	1.000	1.000
标准差	0.372	0.555	0.941
样本量	448	448	448

疫情严重期间，73.32%的老年人社交活动是与亲人（父母、配偶、子女等）共同出行，与朋友交往、跳舞健身、参加社区活动比例较低，分别为12.5%、5.36%及2.68%，另有18.75%的被调查人选择其他活动。从人际交流影响来看，有69.64%的老年人认为疫情严重期间人际交流较平时减少，2.68%的老年人认为疫情严重期间没有交流，25%的被调查人则认为交流与平时差不多。由于疫情严重期间居家隔离是使得亲人陪伴时间增加的原因，另有2.68%的老年人认为交流与平时相比增多。就出行频率影响来看，由于疫情严重期间居家隔离的要求，被调查者中56.25%比例人数选择"基本不出行"，24.11%比例被调查者选择"每周出行3次"，16.07%比例老年人选择"每月出行5次"，选择"差不多每天出行"人数比例仅为3.57%。能够发现，较往常而言，疫情严重期间使得老年人外出活动频率降低。

数字经济与积极老龄化

图5.9分析了调查样本的数字技术应用情况，根据前文可知，被调查者选择的信息化生活方式越多，意味着其数字技术应用能力越强。可以发现，能够进行线上交流、熟练使用健康码、线上娱乐成为老年人首选的信息化生活方式，占比依次达到57.14%、53.57%及44.64%。能够利用微信、支付宝等进行支付、能够线上购买生活用品的老年人比例分别达到32.14%和22.32%。另外有22.32%的老年人能够线上查询信息、8.04%的老年人能够自己线上预约看诊，使用APP订餐、网约车的老年人占比均达到7.14%。然而，由于老年人自身的年龄、受教育水平、收入水平等情况限制，被调查者中仍有19.64%的老年人不具有信息化生活方式的能力。

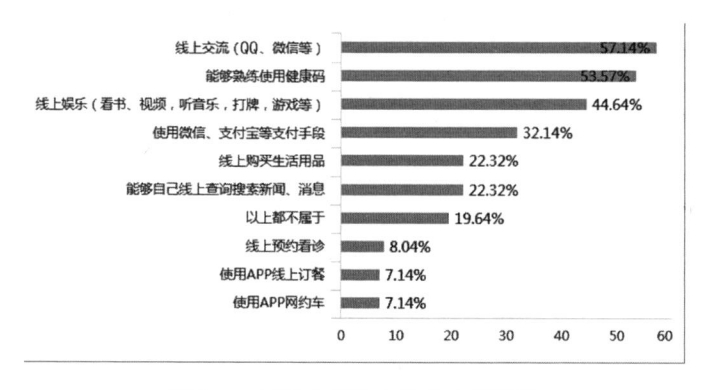

图5.9 被调查者数字技术应用情况

5.4.3 基准模型构建

根据"ABC"情绪理论，在引入个体特征、家庭特征、社会参与的差异性作用后，本节以负面情绪得分作为被解释变量，以数字技术应用能力作为解释变量，逐渐引入个体特征、家庭特征及其他社会参与特征作为控制变量，具体设定模型如下：

模型1：$Qingxu = \beta_0 + \beta_1 I\,ct_i + \beta_i\,individual(x_i) + \mu_i$

模型2：$Qingxu = \beta_0 + \beta_1 I\,ct_i + \beta_i\,family(x_i) + \beta_i'\,individual(x_i) + \mu_i$

模型3：$Qingxu = \beta_0 + \beta_1 I\,ct_i + \beta_i\,social(x_i) + \beta_i'\,family(x_i) + \beta_i''\,individual(x_i) + \mu_i$

其中，模型1到模型3中均将被解释变量设为Qingxu，代表被调查者负面情绪得分情况；μ_i 为残差项，表示除解释变量及控制变量外其他会对被解释变量产生干扰的因素。模型 1 仅将个体特征（individual）作为控制变量，具体包括被调查者的性别、年龄、受教育水平、年收入及自评健康情况，以具体考察仅考虑个体特征情况下，老年人数字技术应用对负面情绪得分的影响；模型 2 在模型 1 的基础上纳入家庭特征（family），将家庭特征（含婚姻状况、疫情期间的居住方式、子女照料）作为控制变量，结合个体特征（individual）控制变量，以具体考察此两类特征存在下数字技术使用对被调查者负面情绪得分的作用；模型 3 在模型 2 的基础上引入除信息化生活方式外其他线下社会参与特征（social），并将其作为控制变量，其他社会参与特征具体包括疫情严重期间的社交活动、人际交流及出行频率，同样结合个体特征（individual）、家庭特征（family）作为控制变量。

通过模型 1 到模型 3，能够从三方面特征约束下考察数字技术应用能力对负面情绪得分的直接影响。进一步在模型 1 到模型 3 基础上，进行分样本回归，以具体分析数字技术使用对吉林省不同年龄层老年人、非独居老年人心理健康受新冠肺炎疫情影响的异质性作用结果。

5.4.4　实证检验结果及讨论

（1）基准回归结果

表 5.10 呈现了控制个体特征、家庭特征及社会参与特征下信息化生活能力对老年人负面情绪得分的影响，体现了重大突发公共事件背景下，数字技术应用能力对老年人心理健康平均影响结果。

模型 1 结果仅控制个体特性差异，能够发现信息化生活程度对老年人负面情绪影响显著，但呈现正向作用，意味着老年人接触信息越多，在重大突发事件发生后越易产生心理问题。个体控制变量方面，年龄、收入对消极情绪具有正向显著影响，意味着年龄较大、家庭收入越高的老年人受新冠肺炎疫情影响越为严重。个体特征中受教育水平、自评健康水平对消极情绪具有抑制作用，表明随着个人受教育水平越高、健康程度越好的老年人越不易受到重大突发公共卫生事件的消极心理健康影响。

模型 2 结果显现同时控制家庭特征差异后的影响，信息化生活程度对老年人负面情绪影响依旧呈现正向作用。此外，能够发现家庭特征中婚姻状况、居住方式与子女照料情况均对情绪得分具有显著作用。其中，婚姻状况差异显示无配偶的老年人更容易受到重大突发公共卫生事件的消极情绪影响，表明拥有配偶能够缓解对情绪的消极影响。同样，有子女照料、非独居的老年人更不容易受到重大突发公共卫生事件对心理健康状态的负面作用，说明与他人共同居住能够减缓重大突发公共卫生事件对老年人心理健康的负向作用。

模型3的结果为控制变量加入其他社会参与特征后信息化生活对老年人心理健康影响结果，结果显示信息化生活程度显著正向影响老年人负面情绪。而疫情严重期间社会活动与出行频率的减少，对老年人心理健康产生消极作用。综上，数字技术应用能力调节重大突发卫生事件下老年人负面情绪的原因主要有两方面，一方面原因在于老年人社会参与依旧以传统方式为主，出行、与人交往成为其主要的社交活动，当该方面活动减少后，老年人容易感受到孤独情绪，加重了新冠肺炎疫情等重大突发卫生事件对其心理健康的负面作用；另一方面原因在于重大突发事件下互联网信息纷杂，数字技术应用能力越强的老年人接触到的负面新闻将越多，这部分负面的新闻反而造成老年人恐慌心理，同样使得由重大突发事件导致的消极情绪影响加重。

表 5.10　数字技术应用程度对老年人心理健康影响结果

变量	模型1 回归系数	稳健标准误	模型2 回归系数	稳健标准误	模型3 回归系数	稳健标准误
数字技术应用程度	0.077***	0.013	0.080***	0.020	0.103***	0.019
个体特征						
性别	0.039	0.083	0.124	0.080	0.056	0.083
年龄	0.268***	0.048	0.298***	0.047	0.255***	0.049
受教育程度	−0.234***	0.042	−0.220***	0.042	−0.284***	0.041
收入	0.010**	0.041	0.170***	0.049	0.177***	0.044
自评健康	−0.218***	0.063	−0.212***	0.063	−0.150**	0.061
家庭特征						
婚姻状况			−0.477***	0.114	−0.497***	0.110
居住方式			−0.745***	0.213	−0.708***	0.219
子女照料			−0.561***	0.086	−0.565***	0.100
社会参与						
社交活动					−0.269***	0.100

第 5 章 数字经济与老年人健康

续表

变量	模型 1		模型 2		模型 3	
	回归系数	稳健标准误	回归系数	稳健标准误	回归系数	稳健标准误
人际交流					−0.012	0.072
出行频率					0.182***	0.044

注：*、**、*** 分别表示在 10%、5%、1% 的水平下显著。

为考察上述研究结果的稳健性，本研究排除高龄老年人（即 80 岁以上）的数据，重新检验模型 1 到模型 3。由于该调查采用个人答题或他人代答的方式，鉴于 80 岁以上老年人数字技术使用能力较弱，防止全样本情况下的样本误差，本节排除高龄老人数据检验基准回归结果的稳健性。

缩减样本后，依旧采用普通最小二乘估计＋稳健标准误（Robust）的方法进行稳健性检验，再次对模型 1 到模型 3 进行回归分析，运行结果如表 5.11 所示。稳健性结果显示控制个体特征、家庭特征及其他社会参与特征后，信息化生活能力对负面情绪得分的影响方向与基准回归基本一致，表明在控制三方面的特征差异下，信息化生活能力依旧对老年人的负面情绪具有正向影响。此外，控制变量影响结果表明年龄较低、受教育程度较高、健康状况更良好、有配偶陪伴、子女照料的老年人受重大突发卫生事件的心理健康影响更小。更重要的是，从其他社会参与方面来看，增加社会活动、出行频率能够对老年人的心理健康起到正向积极影响作用，这是数字技术应用无法代替的。

表 5.11 老年人心理健康影响结果稳健性检验

变量	模型 1		模型 2		模型 3	
	回归系数	稳健标准误	回归系数	稳健标准误	回归系数	稳健标准误
数字技术应用程度	0.085***	0.020	0.087***	0.020	0.101***	0.020
个体特征						
性别	0.046	0.081	0.039	0.081	−0.024	0.082
年龄	0.267***	0.052	0.264***	0.051	0.173***	0.053
受教育程度	−0.237***	0.042	−0.240***	0.043	−0.306***	0.043
收入	0.113***	0.040	0.120***	0.042	0.118***	0.042
自评健康	−0.211***	0.064	−0.209***	0.064	−0.158**	0.061

续表

变量	模型1 回归系数	模型1 稳健标准误	模型2 回归系数	模型2 稳健标准误	模型3 回归系数	模型3 稳健标准误
家庭特征						
婚姻状况			−0.070***	0.096	−0.129***	0.098
居住方式			−0.042***	0.245	−0.149***	0.268
子女照料			−0.252***	0.158	−0.318***	0.221
社会参与						
社交活动					−0.295***	0.090
人际交流					−0.047	0.066
出行频率					0.186***	0.049

注：*、**、*** 分别表示在 10%、5%、1% 的水平下显著。

(2) 异质性分析结果

为了更为细致地分析重大突发公共卫生事件背景下数字技术应用对吉林省不同情况老年人的情绪影响，以为数字经济背景下老年人心理健康服务引导寻求针对性、匹配性途径，本小节对影响结果予以异质性分析。

首先，本小节对不同年龄段老年人进行分样本回归，具体样本量为：年龄段1，包括60～70岁被调查者172人；年龄段2，包括71～80岁老年人160人；年龄段3，包含81～90岁被调查者96人及90岁以上老年人20人。之后控制个体特征、家庭特征及其他社会参与特征差异后，分析数字技术应用对不同年龄段老年人心理健康影响的作用结果，具体结果如表5.12所示。伴随年龄层增加，能够发现信息化生活作用由显著变为不显著，作用不断减弱。产生上述结果的原因在于：一是60～70岁老年人健康情况更为良好，更加重视与朋友交往、共同出行方面的社会活动，而71～80岁老年人参与社会的主要方式在于各种社交活动以及出行交往，80岁以上老年人受自身健康水平制约，出行减少，此时参与社会的活动主要为人际交流，适当的交流陪伴能够改善其负向心理健康状态；二是单纯从数字技术应用方面而言，60～70岁老年人为被调查群体中参与信息化生活方式的主体，因此相较70岁以上老年人而言，更容易受到网络信息的影响，大数据时代互联网关于新冠肺炎疫情的负面及虚假信息会干扰这部分老年人的情绪，进而加重了重大突发公共危机对其心理健康状态的消极作用。

第5章　数字经济与老年人健康

表5.12　不同年龄阶段老年人心理健康影响结果

变量	年龄段1 回归系数	标准误	年龄段2 回归系数	标准误	年龄段3 回归系数	标准误
数字技术应用程度	0.102***	0.029	0.057*	0.031	−0.004	0.104
个体特征						
性别	0.066	0.123	0.049	0.116	0.216	0.166
受教育程度	−0.431***	0.060	−0.241***	0.076	0.145	0.124
收入	0.132**	0.063	0.059	0.096	0.320***	0.117
自评健康	−0.299***	0.082	0.295***	0.096	−0.645***	0.169
家庭特征						
婚姻状况	−0.125	0.224	−1.033***	0.170	−0.606	0.177
居住方式	0.055	0.337	−1.596***	0.246	−0.406	0.427
子女照料	−0.045	0.143	−1.303***	0.122	−0.053*	0.201
社会参与						
社交活动	−0.134	0.121	−1.900***	0.354	−0.322	0.644
人际交流	−0.268**	0.113	−0.135	0.095	−0.541***	0.175
出行频率	−0.144**	0.065	−0.218***	0.063	0.095	0.232

注：*、**、***分别表示在10%、5%、1%的水平下显著。

从其他控制变量来看，对比发现随着年龄增加，个体特征中受教育程度对情绪得分影响减弱，而自评健康状况对负面情绪得分影响增强，而收入仅对60～70岁及80岁以上年龄老年人作用显著，意味着对于高龄、超高龄老年人而言，自评健康差异将成为其重大突发公共危机发生后的心理健康状态差异的主要原因。

家庭特征作用结果显示，对于70岁以上老年人，婚姻状况、居住方式及子女照料影响显著，对于60～70岁老年人影响不显著。尤其对71～80岁年龄段的老年人而言，拥有配偶、与子女或他人共同居住能够有效改善其消极情绪，而对于80岁以上老年人而言，更需要配偶、子女的照料与陪伴。家庭特征作用结果意味着随着年龄的增长，老年人正面心理健康水平下降，负面心理健康水平上升，配偶、子女的帮助能够缓解其负面心理健康水平，改善心理健康状态。

其他社会参与特征的异质性分析结果表明，不同年龄段老年人社会参与程度呈现差异：对于60～70岁老年人来讲，人际交流与出行频率对其消极心理状态具有显著负向影响，信息化生活则具有显著正向刺激作用；对于71～80岁老年人而言社交活动、出行频率对其情绪得分产生抑制作用，而信息化生活具有促进作用；对于80岁以上老年人而言，仅人际交流对其具有显著影响。

对重大突发公共危机期间数字技术应用对不同居住方式老年人心理健康的作用予以分析，主要考察信息化生活对非独居、仅与配偶或子女同住的老年人的心理健康异质性影响情况。具体将样本进行筛选，选取非独居老年人420人，同时将非独居被调查人样本进行划分，划分为仅与配偶同住老年人192人，仅与子女同住老年人104人，以进行异质性分析。

表5.13 非独居方式老年人心理健康影响结果

变量	非独居 回归系数	非独居 标准误	仅与配偶同住 回归系数	仅与配偶同住 标准误	仅与子女同住 回归系数	仅与子女同住 标准误
数字技术应用程度	0.106***	0.023	−0.065**	0.033	0.181***	0.062
个体特征						
性别	0.028	0.078	0.044	0.104	−0.369*	0.191
年龄	0.224***	0.051	0.219**	0.086	0.435***	0.112
受教育程度	−0.320***	0.044	−0.620***	0.069	−0.057	0.086
收入	0.214***	0.049	0.340***	0.079	−0.553***	0.180
自评健康	−0.175***	0.062	−0.131	0.084	−0.058	0.148
家庭特征						
婚姻状况	−0.543***	0.112				
子女照料	−0.573***	0.089				
社会参与						
社交活动	−0.397***	0.116	−0.589***	0.210	−0.094	0.178
人际交流	−0.079	0.073	−0.418***	0.108	−0.081	0.134
出行频率	−0.175***	0.047	0.033	0.067	−0.346***	0.117

注：*、**、***分别表示在10%、5%、1%的水平下显著。

根据表5.13，从非独居老年人总样本回归结果来看，信息化生活、年龄、收入对其负面情绪得分具有显著正向影响，受教育程度、自评健康水平、婚姻状况、子女照料、社交活动、出行频率对其负面情绪具有显著负向影响，该结果与总样本回归结果基本一致。从家庭特征影响来看，对于非独居老年人而言，配偶陪伴及子女照料影响方向一致，但子女照料对其正面心理健康状态的积极影响程度更强。对仅与配偶同住的老年人进行分析，结果显示年龄、收入对其消极情绪产生正向作用，而信息化生活、受教育程度、社交活动、人际交流对其负面情绪起到改善作用。一方面原因在于仅与配偶同住老年人人际交往有限，通过参与多种社交活动、扩大对外交流有助于其心理健康；另一方面原因在于这部分老年人会通过信息化交流方式与非共同居住子女进行沟通，有效的沟通能够起到对老年人积极心理健康状态的代际支持作用，进一步减弱重大突发公共危机对老年人心理健康的消极影响。

就仅与子女同住老年人而言，信息化生活对负面情绪得分依旧为显著正影响。性别影响表现为显著，表明代际支持对老年人心理健康的影响具有性别差异，从结果来看，仅与子女同住对女性老年人心理健康的帮助更大。收入对负面情绪得分影响由正向转变为负向，意味着与子女同住老年人的经济状况越好，其心理健康状态越积极。就其他影响因素而言，年龄对负面情绪得分为显著正影响，出行频率依然具有显著负影响。

5.5 本章小结

本章就数字经济与老年人健康关联进行了探索，主要从一般情况下数字参与对老年人自评健康的影响，以及重大突发公共事件下数字技术应用对老年人心理健康的作用两个方面展开分析。

本章首先对一般情形下数字参与对老年人自评健康的影响展开分析，采用2018年CHARLS数据，分析了60岁及以上老年人自评健康受数字技术应用的影响情况。进一步将老年人区分为不同性别和年龄层进行了异质性检验。其次，就重大突发公共事件背景下数字技术应用对吉林省老年人的心理健康影响进行了实证分析，以长春市地区调查样本为例，从控制个体特征、家庭特征、社会参与特征逐一对被调查者进行统计分析，进一步从差异视角出发分析重大突发公共事件发生后信息化生活能力对被调查者情绪状态的直接影响及异质性影响，以推断数字技术使用对吉林省老年人心理健康状态的作用。鉴于此，为数字经济时代寻求多途径老年人心理健康干预及服务引导措施提供依据。

具体结论如下：第一，一般情形下，数字参与对老年人自评健康具有正向影响。具体表现为数字参与的互联网活动类型数量的提升和电子支付能力均对老年人自评健康起到积极作用。异质性分析结果则表明，相比男性，女性老年人更容易受到数字技术应用带来的社交范围扩大的影响。从不同年龄段来看，低龄（60到70岁）的老年人受影响程度更高，形成了积极老龄化的主要参与群体；而80岁以上老年人可能处于"数字鸿沟"带来的"社会参与孤岛"，数字经济发展无法改善其精神状态。第二，从重大突发公共事件发生后吉林省老年人基本心理健康状态来看，调查样本中68.75%的老年人认为新冠肺炎疫情对其情绪产生了影响，仅9.82%的被调查者选择否定性答案，另有21.43%的被调查者选择不确定。通过负面情绪自评得分的计算，能够发现"难以从日常生活中感受到快乐""比平时更容易感到疲劳"等成为疫情后老年人主要的情绪影响表现。第三，就回归分析结果而言，信息化生活对重大突发事件后老年人负面情绪具有显著正向影响。一部分可能原因是网络负面信息均会加重疫情对吉林省老年人心理健康状态的负向影响。控制变量中个体特征、家庭特征及其他社会参与特征均会对疫情后老年人的负面情绪得分产生影响，通过个体及家庭特征差异能够发现独居（无配偶、无子女照料）、高龄、受教育程度较低、身体状况欠佳的老年人更容易受到重大突发公共卫生事件诱发的消极情绪影响，从其他社会参与特征来看，疫情严重期间社交活动减少和出行频率降低均会加重重大突发卫生事件下老年人心理健康状态的负面情绪。第四，根据异质性分析结果发现，对于吉林省不同年龄层的老年人而言，数字技术应用对老年人情绪的影响具有一定差别。例如对于仅与配偶同住的老年人而言，互联网等数字技术是与外界、与子女沟通的重要媒介，此时信息化生活程度越高反而会调节重大突发公共卫生危机诱发的的老年人负面情绪。此外，伴随年龄增长，老年人更需要家庭关怀与子女照料。而从家庭特征差异而言，对于吉林省的老年人来讲，疫情期间的代际支持相较配偶陪伴更为重要，同时参加适度的社交活动、出行对其积极情绪具有正向作用。

社会支持对老年人心理健康发展具有积极作用，就一般情形而言，网络媒体社交可作为老年人日常社交的补充，扩大了老年人的社会参与层面，能够正向改善老年人的自评健康状态。从调查结果来看，重大突发公共事件下老年人社交活动减少、出行频率降低均是导致其情绪低落的主要原因，虽然信息化生活方式已经被中、低龄老年人接受，但网络交流不能替代老年人传统社交方式，无法使老年人获得社会参与感。由此，在数字经济时代，重大突发事件后需要对老年人心理健康进行干预措施及服务。同时在建立对老年人友好的数字包容社会中需要提出具有针对性、匹配性的引导策略，以帮助不同情况的老年人改善心理健康状态，引导老年人享受数字经济带来的福利，以此加强数字经济背景，乃至后疫情时代老年人社会心理健康建设，推动数字经济背景下积极老龄化发展。

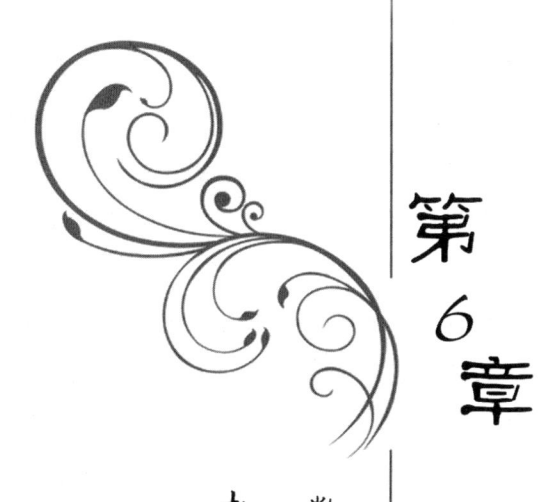

第6章 数字经济背景下积极老龄化引导策略

数字经济与积极老龄化

伴随全球人口老龄化的加剧,如何适应人口老龄化带来的新情况已经成为各国利益相关者(机构、组织或个人)面临的主要挑战。日益严峻的人口老龄化趋势给全球财富储备、人口安全、经济建设和社会稳定带来巨大压力。在此背景下,尽快实现从被动养老到主动老龄化的思想观念、政策策略及经济模式的转变,对社会经济发展具有重要意义。积极老龄化成为缓解老龄化带来的劳动供给不足、养老金及医疗保障体系压力增大等问题的有效途径,是21世纪应对人口老龄化问题的全球性政策框架。"积极老龄化"认为,老年人具有巨大的潜力和能量,是宝贵的社会资源。通过激发他们的潜力,老年人不仅可以实现自我价值,而且可以为社会做出贡献,而不仅仅是需要社会的照顾。

从积极老龄化以往的实施策略来看,各国为解决老龄化的负面影响,最常用的适应性解决方案包括提高员工的生产力、提高活动率、延长专业工作时间和延长退休年龄(Prskawetz et al.,2008)。这些策略均被认为属于促进积极老龄化的范畴。Zaidi 和 Stanton(2015)对积极老龄化的定义则更侧重于活动领域,并指出了积极老龄化的必要环境是人们随着年龄的增长能够过上健康、独立和安全的生活,从而继续参与正规劳动力市场以及从事其他无偿生产活动(如参与志愿服务和向家庭成员提供照料)。他们认为,应扩大人口老龄化相关政策的范围,不仅要确保公共养老金和医疗保健系统的可持续性,而且要确保这种可持续性是通过老年人自己的积极贡献来实现的。要实现这一目标,应在整个生命过程中培养有利于健康和充实的老年生活的生活方式,并强调积极老龄化的基础是生命各阶段的年龄整合概念。根据该概念,不同方式的活动应当在整个生命过程中协调一致。而 Walker 和 Maltby(2012)提出积极老龄化应该涵盖更广泛的不同层次的范围。他们将积极老龄化定义为"随着人们年龄的增长,最大化参与和提高福祉的一项综合战略"。这意味着积极老龄化应当在个人生活方式、组织管理及社会政策层面同时体现,以及在生命历程的所有阶段发挥作用,而非从单一层面对此问题进行衡量。这就要求需要结合经济社会发展的实际情况、积极的社会和公共政策及老年人自身的福利来维持积极老龄化作为主导的政策范式。

随着全球步入数字经济时代,数字技术的革新为经济社会的发展带来了

第6章　数字经济背景下积极老龄化引导策略

新的助力。公共和卫生服务数字化的发展，以及各种网上活动（如电子商务、网络银行、互联网通信等）的日益普及，使人们的日常工作、生活更为便利。数字技术也成为支持积极老龄化的重要技术。一方面，越来越多的老年人将拥有足够的信息和通信技术技能来使用新产品和服务，以促进他们健康和积极的生活方式，并助力晚年的独立生活；另一方面，从 Zaidi 和 Stanton （2015）提出的生活方式的年龄综合概念来讲，生命历程中不同类型的生活活动能够在整个生命过程中协调一致。这些生活方式需要特定的产品和服务市场，并可能对现有市场或新兴市场产生巨大的拉动效应。意味着，随着人口老龄化的加深，老年人以往生命历程中积极的生活方式，以及他们对新产品和服务的惯性需求将形成庞大的"银发经济"。值得注意的是，新产品和服务的开发是基于信息通信技术和服务的创新所形成的。以往研究认为可以通过提高数字经济和社会的发展水平（如宽带基础设施建设、企业和公共服务的数字化转型、人们对信息通信技术的使用程度）为银发经济提供助力。

然而，老年人面对的数字鸿沟极大地影响了数字技术对积极老龄化社会的作用和效果。2019年突如其来的新型冠状病毒大流行也凸显了老年人数字鸿沟的严重性，以及建设包容老龄化的数字经济的重要性。在此背景下，开展包容性老龄化数字经济的相关研究等活动，将为积极应对全球老龄化挑战提供解决方案，对帮助世界各国有效地将老龄化压力转化为经济动力具有重要意义。

本书从微观视角出发，基于老年人消费和健康两个层面探讨了数字经济与积极老龄化的关联性，并通过政策传导机制的分析、异质性分析等进一步讨论，提出了数字经济背景下促进积极老龄化发展及建立包容老龄化的数字社会形成的相关策略建议。

首先，数字经济背景下扩大"银发市场"规模是实现积极老龄化的有效途径。本书通过对互联网的ICT技术对老年人消费的影响研究发现，从个体行为来看，具有互联网使用能力的老年人拥有更高的消费水平，在控制个体、家庭和地区特征后，此结果依旧成立。但数字鸿沟对老年人消费存在负面影响，且低教育水平和高龄老人更容易陷入数字排斥。从路径探索而言，"宽带中国"的数字基础设施建设对提高老年人消费水平（包括基础型消费、发展和享受型消费)具有积极影响,此结果通过了内生性及稳健性检验。其中,扩大信息渠道、便捷支付及拓展社交网络是"宽带中国"提高老年人消费的重要渠道,扩大信息渠道和扩展社交网络的影响程度更高。根据研究结果,可提出以下策略:第一,促进老年人消费支出需要完善老年人所在地区的网络基础设施建设,尤其是经济欠发达地区和农村地区,以减少银发经济中的数字鸿沟。具体而言,尽管信息通信技术已经深入到社会经济活动中,但数字鸿沟阻碍了这部分老年人口平等使用信息通信技术(ICT)的机会。虽然这些地区的部分老年人拥有了物质基础、经济资源及消费意愿,但产品市场信息获取的不对称性和交易的不便利性阻碍了释放这部分老年人的消费潜力。第二,提升老年人的数字素养,即识别和使用互联网等信息通信技术的能力对提高老年人消费支出至关重要,例如如何搜索在线信息、如何进行在线支付及如何进行网络通信社交。虽然互联网技术已经存在了几十年,但由于数字鸿沟导致的互联网知识的缺乏,在非互联网用户希望进行线上活动时给他们带来了压力。在这种情况下,"潜在老年消费者"的消费行为与他们的实际消费意图完全脱节,这种脱节无助于银发消费市场的形成。因此,提高网络素养和加强网络基础设施建设对于促进银发消费市场的形成同样重要。例如,可在老年教育培训和社区活动中进一步补充和完善老年人数字素养教育,制定有针对性、有特色的老年人数字素养培训方案,引导老年人积极使用信息通信技术,提高老年人数字技术使用技能。

其次,需重视数字老龄化包容社会的健康服务体系建设,合理推动和改善老年人的数字参与情况以提高老年人心理健康水平。本书分别分析了一般情形和特殊情形(以新冠肺炎疫情为例的重大突发公共事件)情况下数字参与对老年人心理健康情况的影响。研究得出一般情形下数字参与会促进老年人的自评健康,互联网应用使用数量和电子支付均可提高老年人自评健康水平,但这种影响在不同性别和年龄段的老年人中存在差别。在特殊情形下,基于"ABC情绪"理论探讨了数字化生活对老年人在面对突发情况时心理状态的影响。虽然一般情形下数字参与能够改善老年人自评健康,但特殊情形下数字参与无法代替线下社交,家庭和社会支持对老年人积极情绪具有正向作用。因此,在构建数字包容型社会积极老龄化养老健康服务体系建设中,本书提

第 6 章　数字经济背景下积极老龄化引导策略

出三点策略要求：一是进行数字技术与养老健康服务的融合，将大数据技术、AR、VR、智能养老等新技术融入养老健康服务，推动社会养老的智能化发展和数字化转型，为积极老龄化养老健康服务体系构建提供客观的环境支持。二是由于老年人进行数字参与活动时会面对更多的技术挑战，在数字化的养老健康服务体系建设中要考虑到老年人的数字素养和数字技术使用技能，在养老健康服务系统的使用中，应尽量减少数字化使用带来的时间、精力和机会成本。三是数字技术无法替代家庭和社会支持对老年人的积极影响，当更多的社会支持来自配偶、朋友和子女时，数字鸿沟对老年心理健康的负面影响会减小。这就决定了在数字化的养老健康服务体系建设中需要体现人文关怀，在以数字技术支持老年人独立生活的同时，需要引导其亲属及社区工作者参与到这个体系中来，从多维度提升老年人的心理健康水平。例如可以提供数字养老健康服务中的适老化建设，适当保留一些传统的人工服务。

通过以上策略建议，本书不仅能够从消费和健康角度补充数字经济背景下积极老龄化社会构建的策略体系建设内容，同时对建立数字包容型社会、实现中国式现代化人口高质量发展要求具有重要价值，并为发挥促进老年"银发经济"形成以扩大有效内需的现实发展需要提供了理论参考。

参考文献

中文文献

[1]鲍鹏程,黄林秀.数字经济与公共服务质量——来自中国城市的经验证据[J].北京社会科学,2023,(05):66-79.

[2]曹佳斌,王珺.为什么中国文娱消费偏低?基于人口年龄结构的解释[J].南方经济,2019(07):83-99.

[3]陈文,吴赢.数字经济发展、数字鸿沟与城乡居民收入差距[J].南方经济,2021,(11):1-17.

[4]陈晓红,李杨扬,宋丽洁等.数字经济理论体系与研究展望[J].社会科学文摘,2022,(06):4-6.

[5]陈建,邹红,张俊英.数字经济对中国居民消费升级时空格局的影响[J].经济地理,2022,42(09):129-137.

[6]陈梦根,刘毓珊,张乔.数字经济对基本公共服务的影响研究[J].财经问题研究,2024,(04):81-93.

[7]陈社英,刘建义,马箭.积极老龄化与中国:观点与问题透视[J].南方人口,2010,25(04):35-44+58.

[8]褚福灵.多层次社会保障体系应定型[J].中国社会保障,2015,(08):34-35.

[9]丁守海,徐政.新格局下数字经济促进产业结构升级:机理、堵点与路径[J].理论学刊,2021,(03):68-76.

[10]逢健,朱欣民.国外数字经济发展趋势与数字经济国家发展战略[J].科技进步与对策,2013,30(08):124-128.

[11]高杰,王军.产业数字化转型对居民消费的影响研究[J].学习与探索,2022,(08):113-120.

[12]郝云飞,臧旭恒.中国家庭"尊老"与"爱幼"消费差异性分析[J].经济与管理研究,2017,38(5):14-23.

[13]韩猛,白仲林.基于自适应组LASSO估计的高维门限因子模型一致选择[J].统计研究,2021,38(08):121-131.

[14]韩文龙,陈航.数字化的新生产要素与收入分配[J].财经科学,2021,(03):56-68.

[15]胡拥军,关乐宁.数字经济的就业创造效应与就业替代效应探究[J].改革,2022,(04):42-54.

[16]侯冠宇,胡宁宁.支付数字化能否显著提升家庭消费?——基于CHFS微观数据的经

验证据［J］. 经济与管理，2023，37（01）：20-28.

[17]侯新烁，刘萍. 数字基础设施建设如何影响城市创新？——基于"宽带中国"战略的准自然实验［J］. 湘潭大学学报(哲学社会科学版)，2023，47（01）：37-44.

[18]黄庆华，潘婷，时培豪. 数字经济对城乡居民收入差距的影响及其作用机制［J］. 改革，2023，（04）：53-69.

[19]黄先海，高亚兴. 数实产业技术融合与企业全要素生产率——基于中国企业专利信息的研究［J/OL］. 中国工业经济，2023，（11）：118-136.

[20]黄燕芬，张超，田盛丹. 人口年龄结构和住房价格对城镇居民家庭消费的影响机理［J］. 人口研究，2019，43(04)：17-35.

[21]黄永林. 数字经济时代文化消费的特征与升级［J］. 人民论坛，2022，（09）：116-121.

[22]纪竞垚. 强化应对人口老龄化的科技创新支撑［J］. 老龄科学研究，2022，10（02）：68-77.

[23]靳永爱，胡文波，冯阳. 数字时代的互联网使用与中老年人生活——中国老年群体数字鸿沟与数字融入调查主要数据结果分析［J］. 人口研究，2024，48（01）：40-55.

[24]蒋翠侠，刘玉叶，许启发. 基于LASSO分位数回归的对冲基金投资策略研究［J］. 管理科学学报，2016，19(03)：107-126.

[25]蒋同明. 人口老龄化对中国劳动力市场的影响及应对举措［J］. 宏观经济研究，2019，（12）：148-159.

[26]李标，孙琨，孙根紧. 数据要素参与收入分配：理论分析、事实依据与实践路径［J］. 改革，2022，（03）：66-76.

[27]李长江. 关于数字经济内涵的初步探讨［J］. 电子政务，2017，（09）：84-92.

[28]李军，李敬. 数字赋能与老年消费——基于"宽带中国"战略的准自然实验［J］. 湘潭大学学报(哲学社会科学版)，2021，45（02）：83-90.

[29]李俊江，何枭吟. 美国数字经济的迅猛发展及其对中国的启示[C]// 中国美国经济学会. 21世纪初世界经济格局与中美经贸关系：全国美国经济学会会长扩大会议暨"21世纪初世界经济格局与中美经贸关系高级论坛"论文集. 吉林大学中国国有经济研究中心;，2004：22.

[30]李建民. 老年人消费需求影响因素分析及我国老年人消费需求增长预测［J］. 人口与经济，2001，（05）：10-16.

[31]李立威，程泉. 数字经济与营商环境如何激发"专精特新"中小企业涌现［J/OL］. 软科学，1-11.

[32]李文星,徐长生,艾春荣.中国人口年龄结构和居民消费:1989—2004[J].经济研究,2008(07):118-129.

[33]李春琦,张杰平.中国人口结构变动对农村居民消费的影响研究[J].中国人口科学,2009(04):14-22+111.

[34]李怡,柯杰升.三级数字鸿沟:农村数字经济的收入增长和收入分配效应[J].农业技术经济,2021,(08):119-132.

[35]伦蕊,陈亚婷.数字经济背景下的就业性别平等——现状、挑战与应对方略[J].人口与经济,2024,(02):1-14.

[36]刘诚.数字经济与共同富裕:基于收入分配的理论分析[J].财经问题研究,2022,(04):25-35.

[37]刘导波,张思麒.数字经济赋能居民消费:理论机制与微观证据[J].消费经济,2022,38(01):72-82.

[38]刘铠豪,刘渝琳.中国居民消费增长的理论机理与实证检验——来自人口结构变化的解释[J].劳动经济研究,2014,2(02):83-111.

[39]刘建国,苏文杰."银色数字鸿沟"对老年人身心健康的影响——基于三期中国家庭追踪调查数据(CFPS)[J].人口学刊,2022,44(06):53-68.

[40]刘震,杨勇.互联网使用与家庭文旅消费——兼论互联网普及下居民消费升级的可行性[J].旅游学刊,2022,37(02):75-93.

[41]刘征驰,陈文武,李慧子.数字资本积累与产业结构转型:中国1981—2020[J/OL].财贸经济,1-17.

[42]陆地,张叶娜,冀淑静.城镇家庭年龄结构对消费的非线性影响——基于机器学习方法的实证检验[J].西北人口,2022,43(06):89-98.

[43]陆地.中国城镇居民区域收入分布差异的消费效应比较研究[D].吉林大学,2018.

[44]陆颖.养老金三支柱体系的替代率与收入再分配效应:"两全其美"抑或"顾此失彼"[J].财政科学,2022,(08):102-116.

[45]吕延方,赵琳慧,王冬.数字经济与实体经济融合是否提升了企业创新能力——基于正反向融合度的非线性检验[J].厦门大学学报(哲学社会科学版),2024,74(02):107-120.

[46]马香品.数字经济时代的居民消费变革:趋势、特征、机理与模式[J].财经科学,2020,(01):120-132.

[47]毛中根,孙武福,洪涛.中国人口年龄结构与居民消费关系的比较分析[J].人口研究,

2013，37(03)：82-92.

[48]穆光宗.老年发展论——21世纪成功老龄化战略的基本框架[J].人口研究，2002，(06)：29-37.

[49]彭小辉，李颖.互联网促进了老年群体的消费吗？[J].消费经济，2020，36（05）：46-56.

[50]齐红倩，刘岩.人口年龄结构变动与居民家庭消费升级——基于CFPS数据的实证研究[J].中国人口·资源与环境，2020，30(12)：174-184.

[51]齐红倩，闫海春.人口老龄化抑制中国经济增长了吗？[J].经济评论，2018，(06)：28-40.

[52]戚聿东，刘翠花，丁述磊.数字经济发展、就业结构优化与就业质量提升[J].经济学动态，2020，(11)：17-35.

[53]乔小乐，何洋，李峰.工作转换视角下数字经济对性别收入差距的影响研究[J].西安交通大学学报(社会科学版)，2023，43（01）：74-83.

[54]冉晓醒，胡宏伟.城乡差异、数字鸿沟与老年健康不平等[J].人口学刊，2022，44（03）：46-58.

[55]盛见.养老服务业数字化转型：经济学逻辑与优化路径[J].宁夏社会科学，2021，(06)：123-129.

[56]盛来运，方晓丹，冯怡琳，刘洪波.家庭人口结构变动对居民消费的影响研究——基于微观家庭面板数据的分析[J].统计研究，2021，38(11)：35-46.

[57]宋月萍.数字经济赋予女性就业的机遇与挑战[J].人民论坛，2021，(30)：82-85.

[58]宋保庆，林筱文.人口年龄结构变动对城镇居民消费行为的影响[J].人口与经济，2010(04)：11-17.

[59]唐天伟，刘文宇，汀晓婧.数字经济发展对我国地方政府公共服务效率提升的影响[J].中国软科学，2022，(12)：176-186.

[60]童玉芬.人口老龄化过程中我国劳动力供给变化特点及面临的挑战[J].人口研究，2014，38（02）：52-60.

[61]王慧敏，薛启航，魏建.数字经济、母职惩罚与性别收入差距[J].现代财经(天津财经大学学报)，2023，43（11）：30-46.

[62]王文.数字经济时代下工业智能化促进了高质量就业吗[J].经济学家，2020，(04)：89-98.

[63]王军，朱杰，罗茜.中国数字经济发展水平及演变测度[J].数量经济技术经济研究，2021，38（07）：26-42.

[64]王宁,胡乐明.数字经济对收入分配的影响：文献述评与研究展望[J].经济与管理评论,2022,38(05)：20-35.

[65]王子凤,张桂文.数字经济如何助力农民增收——理论分析与经验证据[J].山西财经大学学报,2023,45(02)：16-28.

[66]王宇鹏.人口老龄化对中国城镇居民消费行为的影响研究[J].中国人口科学,2011(01)：64-73+112.

[67]魏君英,胡润哲,陈银娥.数字经济发展如何影响城乡消费差距：扩大或缩小？[J].消费经济,2022,38(03)：40-51.

[68]吴青娴,刘春香,刘丽欢等.老年患者就医技术焦虑及影响因素调查分析[J].护理学杂志,2023,38(14)：17-20.

[69]咸金坤,汪伟,兰袁.人口老龄化必然导致资本替代劳动吗[J].南方经济,2022,(05)：43-62.

[70]夏杰长,王鹏飞.数字经济赋能公共服务高质量发展的作用机制与重点方向[J].江西社会科学,2021,41(10)：38-47+254+2.

[71]许宪春.数字经济、数字化技术和数据资产在经济社会发展中的作用[J].经济研究参考,2020,(24)：96-99.

[72]许宪春,张美慧.中国数字经济规模测算研究——基于国际比较的视角[J].中国工业经济,2020,(05)：23-41.

[73]熊励,蔡雪莲.数字经济对区域创新能力提升的影响效应——基于长三角城市群的实证研究[J].华东经济管理,2020,34(12)：1-8.

[74]熊颖,郭守亭.数字经济发展对中国居民消费结构升级的空间效应与作用机制[J].华中农业大学学报(社会科学版),2023,(01)：47-57.

[75]杨碧云,魏小桃,易行健等.数字经济对共享发展影响的微观经验证据：基于消费不平等的视角[J].国际金融研究,2022,(10)：15-25.

[76]杨成钢,石贝贝.中国老年人口消费的影响因素分析[J].西南民族大学学报(人文社科版),2017,38(07)：186-194.

[77]杨柳,孙小芳.数字经济对老年家庭消费的影响及机制[J].消费经济,2022,38(05)：86-96.

[78]杨文溥.数字经济促进高质量发展：生产效率提升与消费扩容[J].上海财经大学学报,2022,24(01)：48-60.

[79]杨雪,王瑜龙.社交活动对中国新一代老年人口消费的影响——基于CHARLS 2018的

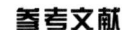

实证研究 [J]. 人口学刊，2021，43（02）：61-73.

[80] 姚战琪. 数字经济对城乡居民服务消费差距的影响研究 [J]. 北京工商大学学报（社会科学版），2022，37（05）：34-47.

[81] 叶胥，杜云晗，何文军. 数字经济发展的就业结构效应 [J]. 财贸研究，2021，32（04）：1-13.

[82] 易宪容，陈颖颖，位玉双. 数字经济中的几个重大理论问题的研究——基于现代经济学的一般性分析 [J]. 社会科学文摘，2019，（09）：41-43.

[83] 于潇，孙猛. 中国人口老龄化对消费的影响研究[J]. 吉林大学社会科学学报，2012，52（01）：141-147+160.

[84] 乐章，秦习岗. 人口老龄化与医疗费用增长——基于医疗费用集中度和持续性的视角 [J]. 人口研究，2021，45（05）：104-116.

[85] 臧旭恒，李晓飞. 人口老龄化对居民消费的非线性影响——基于养老保险发展的动态面板异质性门槛效应[J]. 经济与管理研究，2020，41(03)：21-36+86.

[86] 张博，杨丽梅，陶涛. 人口老龄化与劳动力成本粘性 [J]. 会计研究，2022，(01)：59-69.

[87] 张广辉，李玖玲. 数字经济、农村劳动力就业与农民农村共同富裕 [J]. 学习与探索，2023，(12)：90-98.

[88] 张晓明，向迪，刘生龙. 抑郁倾向对劳动收入的影响——基于LASSO回归的工具变量识别[J]. 产业经济评论，2021(02)：78-92.

[89] 郑玉. 数字经济、要素市场扭曲缓解与企业全要素生产率 [J]. 经济体制改革，2024，(01)：88-96.

[90] 钟文，郑明贵. 数字经济对区域协调发展的影响效应及作用机制 [J]. 深圳大学学报（人文社会科学版），2021，38（04）：79-87.

[91] 周小刚，文雯. 数字经济对公共服务高质量发展影响的机理分析与实证研究 [J]. 统计与信息论坛，2023，38（03）：97-105.

[92] 周耀东，郑善强. 多子女家庭和独生子女家庭消费影响因素的差异研究[J]. 西北人口，2021，42(06)：61-72.

英文文献

[93] Adams R G, Stevenson M L. A lifetime of relationships mediated by technology. Growing Together：Personal Relationships Across the Life Span [C]；Lang, F.,

Fingerman, K., Eds, 2004: 368-393.

[94] Amaro S, Duarte P. An integrative model of consumers' intentions to purchase travel online[J]. Tourism management, 2015, 46: 64-79.

[95] Ancarani F, Shankar V. Price levels and price dispersion within and across multiple retailer types: Further evidence and extension[J]. Journal of the academy of marketing Science, 2004, 32: 176-187.

[96] Anderson M, Perrin A. Technology use among seniors[J]. Washington, DC: Pew Research Center for Internet & Technology, 2017.

[97] Azu N P, Jelilov G, Aras O N, et al. Influence of digital economy on youth unemployment in West Africa[J]. Transnational Corporations Review, 2021, 13(1): 32-42.

[98] Badowska S, Zamojska A, Rogala A. Impact of performance expectancy and effort expectancy on the elderly consumer's behaviour regarding acceptance and use of technological products: an empirical research in Poland [J]. Preparation for the Future Innovative Economy, 2016, 174.

[99] Balapour A, Reychav I, Sabherwal R, et al. Mobile technology identity and self-efficacy: Implications for the adoption of clinically supported mobile health apps[J]. International Journal of Information Management, 2019, 49: 58-68.

[100] Barefoot K, Curtis D, Jolliff W, et al. Defining and measuring the digital economy[J]. US Department of Commerce Bureau of Economic Analysis, Washington, DC, 2018, 15: 210.

[101] Barnett K, Adkins B. Computers: Community for aging women in Australia[J]. WE INTERNATIONAL, 2001: 23-25.

[102] Bartikowski B, Laroche M, Jamal A, et al. The type-of-internet-access digital divide and the well-being of ethnic minority and majority consumers: A multi-country investigation[J]. Journal of Business Research, 2018, 82: 373-380.

[103] Battistin E, Brugiavini A, Rettore E, et al. The retirement consumption puzzle: evidence from a regression discontinuity approach[J]. American Economic Review, 2009, 99(5): 2209-2226.

[104] Becker G S. A Treatise on the Family[M]. Cambridge MA: Harvard University Press, 1981.

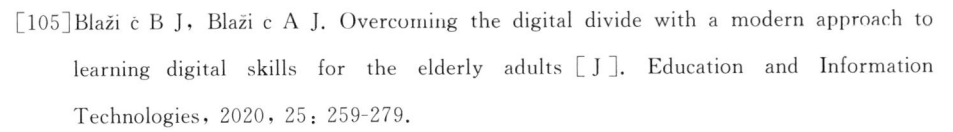

[105] Blaži č B J, Blaži c A J. Overcoming the digital divide with a modern approach to learning digital skills for the elderly adults[J]. Education and Information Technologies, 2020, 25: 259-279.

[106] Blit-Cohen E, Litwin H. Elder participation in cyberspace: A qualitative analysis of Israeli retirees[J]. Journal of Aging Studies, 2004, 18(4): 385-398.

[107] Bowles K H, Dykes P, Demiris G. The use of health information technology to improve care and outcomes for older adults[J]. Research in gerontological nursing, 2015, 8(1): 5-10.

[108] Bouma H, Fozard J L, Bouwhuis D G, et al. Gerontechnology in perspective[J]. Gerontechnology, 2007, 6(4): 190-216.

[109] Bruno G, Esposito E, Genovese A, et al. A critical analysis of current indexes for digital divide measurement[J]. The Information Society, 2011, 27(1): 16-28.

[110] Bui H T. Exploring and explaining older consumers' behaviour in the boom of social media[J]. International journal of consumer studies, 2022, 46(2): 601-620.

[111] Buhalis D, Law R. Progress in information technology and tourism management: 20 years on and 10 years after the Internet—The state of eTourism research[J]. Tourism management, 2008, 29(4): 609-623.

[112] Butler R N. Successful aging and the role of the life review[J]. Journal of the American geriatrics Society, 1974, 22(12): 529-535.

[113] Carlan V, Sys C, Vanelslander T, et al. Digital innovation in the port sector: Barriers and facilitators[J]. Competition and regulation in network industries, 2017, 18(1-2): 71-93.

[114] Carlsson B. The Digital Economy: what is new and what is not? [J]. Structural change and economic dynamics, 2004, 15(3): 245-264.

[115] Carlson J A, Sarkin A J, Levack A E, et al. Evaluating a measure of social health derived from two mental health recovery measures: The California Quality of Life (CA-QOL) and Mental Health Statistics Improvement Program Consumer Survey (MHSIP)[J]. Community mental health journal, 2011, 47: 454-462.

[116] Chen Z, Wei Y, Shi K, et al. The potential of nighttime light remote sensing data to evaluate the development of digital economy: A case study of China at the city level[J]. Computers, Environment and Urban Systems, 2022, 92: 101749.

[117]Chiu C J, Liu C W. Understanding older adult's technology adoption and withdrawal for elderly care and education: mixed method analysis from national survey[J]. Journal of medical internet research, 2017, 19(11): e374.

[118]Climo J. Images of aging in virtual reality: The Internet and the community of affect [J]. Generations, 2001, 25(3): 64-68.

[119]Cotten S R, Anderson W A, McCullough B M. Impact of internet use on loneliness and contact with others among older adults: cross-sectional analysis[J]. Journal of medical Internet research, 2013, 15(2): e2306.

[120]Cotten S R, Ford G, Ford S, et al. Internet use and depression among retired older adults in the United States: A longitudinal analysis[J]. Journals of Gerontology Series B: Psychological Sciences and Social Sciences, 2014, 69(5): 763-771.

[121]Cotten S R, Goldner M, Hale T M, et al. The importance of type, amount, and timing of internet use for understanding psychological distress[J]. Social Science Quarterly, 2011, 92(1): 119-139.

[122]Coleman D A. Population ageing: an unavoidable future[J]. The welfare state reader, 2006, 2: 298-308.

[123]Chu R J. How family support and Internet self-efficacy influence the effects of e-learning among higher aged adults - Analyses of gender and age differences[J]. Computers & Education, 2010, 55(1): 255-264.

[124]Czaja S, Beach S, Charness N, et al. Older adults and the adoption of healthcare technology: Opportunities and challenges[J]. Technologies for active aging, 2013: 27-46.

[125]Del Águila A R, Padilla A, Serarols C, et al. Digital economy and management in Spain [J]. Internet Research, 2003, 13(1): 6-16.

[126]de León L P, Lévy J P, Fernández T, et al. Modeling active aging and explicit memory: An empirical study[J]. Health & social work, 2015, 40(3): 183-190.

[127]Demiris G, Hensel B K. Technologies for an aging society: a systematic review of "smart home" applications[J]. Yearbook of medical informatics, 2008, 17(01): 33-40.

[128]Duflo E, Pande R. Dams[J]. The Quarterly Journal of Economics, 2007, 122(2): 601-646.

[129]Erickson J, Johnson G M. Internet use and psychological wellness during late adulthood

[J]. Canadian Journal on Aging, 2011, 30(2): 197-209.

[130] Friemel T N. The digital divide has grown old: Determinants of a digital divide among seniors[J]. New media & society, 2016, 18(2): 313-331.

[131] Freese J, Rivas S, Hargittai E. Cognitive ability and Internet use among older adults [J]. Poetics, 2006, 34(4-5): 236-249.

[132] Fox S. Older Americans and the Internet: Adapting Government Websites for an Older Audience[J]. 2004.

[133] Garces S, Gorgemans S, Sanchez A M, et al. Implications of the Internet—An exploratory study from New Zealand[J]. Tourism Management, 2004, 25(5): 603-613.

[134] Gergen M M, Gergen K J. Positive aging: New images for a new age[J]. Ageing International, 2001, 27: 3-23.

[135] Gell N M, Rosenberg D E, Demiris G, et al. Patterns of technology use among older adults with and without disabilities[J]. The Gerontologist, 2015, 55(3): 412-421.

[136] Gilleard C, Higgs P. Consumption and aging[J]. Handbook of sociology of aging, 2011: 361-375.

[137] Goldfarb A, Tucker C. Digital economics[J]. Journal of economic literature, 2019, 57(1): 3-43.

[138] Grossman, M. On the concept of health capital and the demand for health[J]. Journal of Political Economy, 1972, 80(2): 223-255.

[139] Hamer M, Stamatakis E. Prospective study of sedentary behavior, risk of depression, and cognitive impairment[J]. Medicine and science in sports and exercise, 2014, 46(4): 718.

[140] Han D, Braun K L. Promoting active ageing through technology training in Korea[J]. Digital literacy: Concepts, methodologies, tools, and applications, 2013: 572-589.

[141] Havens B, Hall M, Sylvestre G, et al. Social isolation and loneliness: Differences between older rural and urban Manitobans[J]. Canadian Journal on Aging/la revue canadienne du vieillissement, 2004, 23(2): 129-140.

[142] Havighurst R J. Successful aging[J]. Processes of aging: Social and psychological perspectives, 1963, 1: 299-320.

[143] He Y, Li K, Wang Y. Crossing the digital divide: The impact of the digital economy

on elderly individuals' consumption upgrade in China[J]. Technology in Society, 2022, 71: 102141.

[144]Helsper E J, Reisdorf B C. A quantitative examination of explanations for reasons for internet nonuse[J]. Cyberpsychology, behavior, and social networking, 2013, 16(2): 94-99.

[145]Hunsaker A, Hargittai E. A review of Internet use among older adults[J]. New media & society, 2018, 20(10): 3937-3954.

[146]Jeong M, Lambert C. Measuring the information quality on lodging web sites[J]. International Journal of Hospitality Information Technology, 1999, 1(1): 63-75.

[147]Jones S, Fox S. Generations online in 2009[R]. http://www.pewinternet.org/files/old-media/Files/Reports/2009/PIP_Generations_2009.pdf.

[148]Kim B, Barua A, Whinston A B. Virtual field experiments for a digital economy: a new research methodology for exploring an information economy[J]. Decision Support Systems, 2002, 32(3): 215-231.

[149]Kim J. Infrastructure of the digital economy: Some empirical findings with the case of Korea[J]. Technological Forecasting and Social Change, 2006, 73(4): 377-389.

[150]Kim J, Lee H, Cho E, et al. Multilevel effects of community capacity on active aging in community-dwelling older adults in South Korea[J]. Asian nursing research, 2020, 14(1): 36-43.

[151]Kling R, Lamb R. IT and organizational change in digital economies: a socio-technical approach[J]. ACM SIGCAS Computers and society, 1999, 29(3): 17-25.

[152]König R, Seifert A, Doh M. Internet use among older Europeans: an analysis based on SHARE data[J]. Universal Access in the Information Society, 2018, 17(3): 621-633.

[153]Kuhn M, Prettner K. Population Structure and Consumption Growth: Evidence from National Transfer Accounts[J]. ECON WPS - Vienna University of Technology Working Papers in Economic Theory and Policy, 2015.

[154]Lam L, Lam M. The use of information technology and mental health among older care-givers in Australia[J]. Aging & mental health, 2009, 13(4): 557-562.

[155]Lechman E, Popowska M. Harnessing digital technologies for poverty reduction. Evidence for low-income and lower-middle income countries[J]. Telecommunications Policy, 2022, 46(6): 102313.

[156]Leff N H . Dependency Rates and Savings Rates[J]. The American Economic Review，1969，59(5)：886-896.

[157]Lian J W，Yen D C. Online shopping drivers and barriers for older adults：Age and gender differences[J]. Computers in human behavior，2014，37：133-143.

[158]Liu L，Wu F，Tong H，et al. The digital divide and active aging in China[J]. International journal of environmental research and public health，2021，18(23)：12675.

[159]Loges W E，Jung J Y. Exploring the digital divide：Internet connectedness and age[J]. Communication research，2001，28(4)：536-562.

[160] Lovett J E，Bashshur R L. Telemedicine in the USA：An overview [J]. Telecommunications Policy，1979，3(1)：3-14.

[161]Lou V W Q. Active ageing in mainland China[M]//Active ageing in Asia. Routledge，2014：112-131.

[162]Luan B，Zou H，Huang J. Digital divide and household energy poverty in China[J]. Energy economics，2023，119：106543.

[163]Lythreatis S，Singh S K，El-Kassar A N. The digital divide：A review and future research agenda[J]. Technological Forecasting and Social Change，2022，175：121359.

[164]Micevska M. ICT for pro-poor provision of public goods and services：A focus on health [J]. Information and communication technologies for development and poverty reduction，2006：312-336.

[165]McDonough C C. The effect of ageism on the digital divide among older adults[J]. J Gerontol Geriatr Med，2016，2(1)：1-7.

[166]Millward P. The'grey digital divide'：Perception，exclusion and barriers of access to the Internet for older people[J]. First monday，2003.

[167]Modigliani F，Brumberg R E . Utility Analysis and the Consumption Function：An Interpretation of Cross-Section Data[J]. Journal of Post Keynesian Economics，1954.

[168]Modigliani F，Cao S L . The Chinese Saving Puzzle and the Life-Cycle Hypothesis[J]. Journal of Economic Literature，2004，42(1)：145-170.

[169] Morris A，Brading H. E-literacy and the grey digital divide：review with recommendations[J]. Journal of information literacy，2007，1(3).

[170]Ng S H，Cheung C K，Chong A M L，et al. Aging well socially through engagement

with life: adapting Rowe and Kahn's model of successful aging to Chinese cultural context[J]. The International Journal of Aging and Human Development, 2011, 73(4): 313-330.

[171] Nimrod G. Seniors' online communities: A quantitative content analysis[J]. The Gerontologist, 2010, 50(3): 382-392.

[172] Nimrod G. The fun culture in seniors' online communities[J]. The Gerontologist, 2011, 51(2): 226-237.

[173] Olphert W, Damodaran L. Older people and digital disengagement: a fourth digital divide? [J]. Gerontology, 2013, 59(6): 564-570.

[174] Pan S, Jordan-Marsh M. Internet use intention and adoption among Chinese older adults: From the expanded technology acceptance model perspective[J]. Computers in human behavior, 2010, 26(5): 1111-1119.

[175] Pandey N, Pal A. Impact of digital surge during Covid-19 pandemic: A viewpoint on research and practice[J]. International journal of information management, 2020, 55: 102171.

[176] Deaton A, Paxson C. Growth, demographic structure, and national saving in Taiwan[J]. Population and Development Review, 2000, 26: 141-173.

[177] Perales J, Martin S, Ayuso-Mateos J L, et al. Factors associated with active aging in Finland, Poland, and Spain [J]. International Psychogeriatrics, 2014, 26(8): 1363-1375.

[178] Pérez-Amaral T, Valarezo Á, López R, et al. Digital divides across consumers of internet services in Spain using panel data 2007 – 2019. Narrowing or not? [J]. Telecommunications Policy, 2021, 45(2): 102093.

[179] Peng Z, Dan T. Digital dividend or digital divide? Digital economy and urban-rural income inequality in China[J]. Telecommunications Policy, 2023, 47(9): 102616.

[180] Prskawetz A, Fent T, Guest R. Workforce aging and labor productivity: The role of supply and demand for labor in the G7 countries[J]. Population and Development Review, 2008, 34: 298-323.

[181] Quan-Haase A, Mo G Y, Wellman B. Connected seniors: How older adults in East York exchange social support online and offline[J]. Information, Communication & Society, 2017, 20(7): 967-983.

[182]Ransom R, Sutch R. Capitalists without capital: The burden of slavery and the impact of emancipation[J]. Agricultural History, 1988, 62(3): 133-160.

[183]Robbins T D, Keung S N L C, Arvanitis T N. E-health for active ageing: A systematic review[J]. Maturitas, 2018, 114: 34-40.

[184]Rosenbaum P R, Rubin D B. The central role of the propensity score in observational studies for causal effects[J]. Biometrika, 1983, 70(1): 41-55.

[185]Rosenstock, I. M. Historical origins of the health belief model[J]. Health Education Monographs, 1974, 2(4): 328-335.

[186]Sale P. Gerontechnology, domotics, and robotics[J]. Rehabilitation medicine for elderly patients, 2018: 161-169.

[187]Samuelson P A. An Exact Consumption-Loan Model of Interest with or Without the Social Contrivance of Money[J]. Journal of Political Economy, 1958, 66(6): 467-482.

[188]Schehl B, Leukel J, Sugumaran V. Understanding differentiated internet use in older adults: A study of informational, social, and instrumental online activities[J]. Computers in Human Behavior, 2019, 97: 222-230.

[189]Schultz T W. Investment in human capital[J]. The American economic review, 1961: 1-17.

[190]Seifert A, Hofer M, Rössel J. Older adults' perceived sense of social exclusion from the digital world[J]. Educational Gerontology, 2018, 44(12): 775-785.

[191]Shakina E, Parshakov P, Alsufiev A. Rethinking the corporate digital divide: The complementarity of technologies and the demand for digital skills[J]. Technological Forecasting and Social Change, 2021, 162: 120405.

[192]Shi J, Liu M, Fu G, et al. Internet use among older adults: determinants of usage and impacts on individuals' well-being[J]. Computers in Human Behavior, 2023, 139: 107538.

[193]Shi X, Wang K, Cheong T S, et al. Prioritizing Driving Factors of Household Carbon Emissions: An Application of the LASSO Model with Survey Data[J]. Energy Economics, 2020(92).

[194]Shin G W, Choi J N. Global talent: Skilled labor as social capital in Korea[M]. Stanford University Press, 2015.

[195]Silver M P. Socio-economic status over the lifecourse and internet use in older adulthood

[J]. Ageing & Society, 2014, 34(6): 1019-1034.

[196]Sims T, Reed A E, Carr D C. Information and communication technology use is related to higher well-being among the oldest-old[J]. Journals of Gerontology Series B: Psychological Sciences and Social Sciences, 2017, 72(5): 761-770.

[197]Smith A, Anderson M. Social media use in 2018[J]. 2018.

[198]Soja E, Soja P. Overcoming difficulties in ICT use by the elderly[J]. Challenges and development trends of modern economy, finance and information technology, 2015: 413-422.

[199] Soja E. Supporting active ageing: challenges and opportunities for information and communication technology[J]. Zarządzanie i Finanse, 2017, 20: 109.

[200]Soomro K A, Kale U, Curtis R, et al. Digital divide among higher education faculty [J]. International Journal of Educational Technology in Higher Education, 2020, 17: 1-16.

[201]Sujatha E R, Sridhar V. Landslide susceptibility analysis: A logistic regression model case study in Coonoor, India[J]. Hydrology, 2021, 8(1): 41.

[202]Swindell R. Using the internet to build bridges to isolated older people[J]. Australasian Journal on Ageing, 2000, 19(1): 38-40.

[203]Tang D, Jin Y, Zhang K, et al. Internet use, social networks, and loneliness among the older population in China[J]. Frontiers in Psychology, 2022, 13: 895141.

[204]Thanakwang K, Isaramalai S, Hatthakit U. Development and psychometric testing of the active aging scale for Thai adults[J]. Clinical Interventions in Aging, 2014: 1211-1221.

[205]Urbina S, Tur G, Fernández I. Active ageing with digital technology: seniors' usages and attitudes[J]. IxD & A, 2022, 54: 54-84.

[206] Varian H R. Big data: New Tricks for Econometrics[J]. Journal of Economic Perspectives, 2014, 28(2): 3-27.

[207]Vatsa P, Li J, Luu P Q, et al. Internet use and consumption diversity: Evidence from rural China[J]. Review of Development Economics, 2023, 27(3): 1287-1308.

[208]Van Deursen A J M, Helsper E J. A nuanced understanding of Internet use and non-use among the elderly[J]. European journal of communication, 2015, 30(2): 171-187.

[209]Van Dijk J A G M. Digital divide research, achievements and shortcomings[J]. Poetics,

2006, 34(4-5): 221-235.

[210] Von Helversen B, Abramczuk K, Kopeć W, et al. Influence of consumer reviews on online purchasing decisions in older and younger adults[J]. Decision Support Systems, 2018, 113: 1-10.

[211] Vu K, Hartley K. Effects of digital transformation on electricity sector growth and productivity: A study of thirteen industrialized economies[J]. Utilities Policy, 2022, 74: 101326.

[212] Walker A. A strategy for active ageing[J]. International social security review, 2002, 55(1): 121-139.

[213] Walker A, Maltby T. Active ageing: A strategic policy solution to demographic ageing in the European Union[J]. International journal of social welfare, 2012, 21: S117-S130.

[214] Wang M, Yin Z, Pang S, et al. Does Internet development affect urban-rural income gap in China? An empirical investigation at provincial level[J]. Information Development, 2023, 39(1): 107-122.

[215] Wangberg S C, Andreassen H K, Prokosch H U, et al. Relations between Internet use, socio-economic status (SES), social support and subjective health[J]. Health promotion international, 2008, 23(1): 70-77.

[216] Weatherall J W A. A grounded theory analysis of older adults and information technology[J]. Educational Gerontology, 2000, 26(4): 371-386.

[217] Weil H D N. On the Dynamics of the Age Structure, Dependency and Consumption[J]. Journal of Population Economics, 2012, 25(3): 1019-1043.

[218] Winstead V, Anderson W A, Yost E A, et al. You can teach an old dog new tricks: A qualitative analysis of how residents of senior living communities may use the web to overcome spatial and social barriers[J]. Journal of Applied Gerontology, 2013, 32(5): 540-560.

[219] Wong C K M, Yeung D Y, Ho H C Y, et al. Chinese older adults' Internet use for health information[J]. Journal of Applied Gerontology, 2014, 33(3): 316-335.

[220] Wright K. Computer-mediated social support, older adults, and coping[J]. Journal of communication, 2000, 50(3): 100-118.

[221] Wu C H J, Li H J, Chiu C W. Understanding consumer responses to travel websites

from online shopping value and flow experience perspectives[J]. Tourism Economics, 2014, 20(5): 1087-1103.

[222]Wu X, Yang Y. Digital divide and senior travel consumption: An empirical study from China[J]. Asia Pacific Journal of Tourism Research, 2023, 28(4): 306-322.

[223]Xavier A J, d'Orsi E, de Oliveira C M, et al. English Longitudinal Study of Aging: can Internet/E-mail use reduce cognitive decline? [J]. Journals of Gerontology Series A: Biomedical Sciences and Medical Sciences, 2014, 69(9): 1117-1121.

[224]Xie B. Perceptions of computer learning among older Americans and older Chinese[J]. First Monday, 2006.

[225]Yasav S. The impact of digital technology on consumer purchase behavior[J]. Journal of Financial Perspectives, 2015, 3(3).

[226]Yu J, Huang W, Kahana E. Investigating Factors of Active Aging Among Chinese Older Adults: A Machine Learning Approach[J]. The Gerontologist, 2021(04).

[227]Yu R P, Mccammon R J, Ellison N B, et al. The relationships that matter: Social network site use and social wellbeing among older adults in the United States of America[J]. Ageing & Society, 2016, 36(9): 1826-1852.

[228]Zaidi A, Gasior K, Hofmarcher M M, et al. Active ageing index 2012[J]. Concept, Methodology, and Final Results, Research Memo-randum, Methodology Report, European Centre Vienna. Available at, 2013.

[229] Zaidi A, Stanton D. Active ageing index 2014: Analytical report [J]. Brussels: UNECE/European Commission, 2015.

[230]Zemtsov S, Barinova V, Semenova R. The risks of digitalization and the adaptation of regional labor markets in Russia[J]. Форсайт, 2019, 13(2 (eng)): 84-96.

[231]Zickuhr K, Madden M. Older adults and internet use[J]. Pew Internet & American Life Project, 2012, 6: 1-23.

[232]Zigante V, Fernandez J L, Mazzotta F. Changes in the balance between formal and informal care supply in England between 2001 and 2011: evidence from census data[J]. Health Economics, Policy and Law, 2021, 16(2): 232-249.

[233]Zimmermann H D, Koerner V. Emerging Industrial Structures in the Digital Economy-the Case of the Financial Industry[J]. AMCIS 1999 Proceedings, 1999: 39.